女は「おかしい!」を我慢できない

円 より子

CAP エンタテインメント

はじめに

日本は今、大きな転換点にある。防衛、金融、エネルギー、食糧、農林水産業、水資源など多くの分野で危機が迫っているが、なかでも深刻なのは急激に進む人口減少だ。2060年には2010年人口から32・3％減の8674万人になるという推計が、国立社会保障人口問題研究所から出されている。

不信から脱却できない政治

1人の女性が生涯に産む子どもの数を合計特殊出生率（TFR）という。2・10を超えていないと人口は増えないが、日本のTFRは現在、1・30しかない。人口が減ると、子どもを産める年齢の女性の数も減る。人口減少の「負のスパイラル」は加速する一方だ。

にもかかわらず、国の存立にもかかわるこうした危機に政治が対応できているとは思えない。それが政治への諦めと不信を増幅させている。

2021年衆院選の投票率は55・93％、2022年参院選は52・05％だった。今春2023年の統一地方選は、前半の府県議会政令市議会が44・02％、後半の区議市議会投票率は44・26％、町村議会のそれは55・49％だ。いずれも最低かそれに近い。有権者の諦めや不信感の表れといっていい。

1993年、私は「女性のための政治スクール」を立ち上げた。当時も日本政治は不信のただ中にあった。「政治とカネ」の問題が政界を覆い、戦後ずっと政権を独占してきた自民党の政治は、明らかに袋小路に入っていた。

「スクール」をつくったのは、「男の世界」である政治に女性の視点を入れて、制度疲労を起こした昭和型の政治を超克しようと考えたからだ。それから30年。紆余曲折を経ながらも「スクール」は続き、多数の女性議員を国や地方に送り出した。

ただ、残念ながら、政治は依然として男の世界の色彩が濃く、政権交代という大変動を経てもなお、女性の視点の広がりは十分ではない。少子高齢化、そして人口減少は、その結果にも見える。

とはいえ、諦めてはいけない。平成の30年を経て、全国の女性議員はじわじわと増えている。男女平等に向けた施策も次々とできている。男性による政治から男女が共につくる政治へのパラダイムシフトが近い将来に起きる可能性は間違いなくある。

だからこそ、いま必要なのは、これまでを総括し、これからの戦略を描くことではないか。政治スクールの30周年を機に著したこの本は、そのための材料を提供することを狙っている。

本書の構成

この本では、まず「女性のための政治スクール」の歩みをたどり、スクールが輩出した議員たちについて、幾つかのカテゴリーに分けて紹介する。彼女たちはどうして政治を志したのか。ハードルはどこにあり、どう乗り越えてきたのかを、具体的に見ていく。30年間に積み上げられた経験の数々は、将来に向けた貴重なレッスンになるに違いない。

さらに、参議院議員として私が目の当たりにした平成政治の動きを、女性の視点であらためて眺めてみたい。

そのうえで、スクール生たちの経験やアンケートへの回答を踏まえ、政治に関わりたい、政治家を目指したいという女性たちのために、十のノウハウを示す。

振り返れば、1992年に日本新党の結党にかかわり、政治の道に踏み出して以来、私は一日たりとも政治のことを忘れたことはない。もちろん、楽なことばかりではなかった。腹立たしいこと、嫌なことも山ほどあった。それでも、なお進み続けようと思うのはなぜか。

それは、人はみな平等で、自由に生きる権利を持つと信じるからだ。男女平等への道を拓こうと奮闘してきた女性の先達たちの後を継ぎ、その道を未来へとさらに伸ばしていこうと願うからだ。

「女性のための政治スクール」の30周年を記念して編んだこの本が、令和の女性政治家たち、政治の道に進みたいと思う女性たちの役に立てば望外の喜びだ。

温故知新。古きを知り新しいものをつくりだす旅に、さあ出掛けよう！

目次

序章

「女性のための政治スクール」と日本の政治

開校の日、熱心にメモを取りながら受講する「女性のための政治スクール」の1期生。1400人の応募から選ばれた女性120人、男性20人
1993年2月3日

1993（平成5）年2月3日、私が立ち上げた「女性のための政治スクール」の初めての講義が開かれた。私が所属する日本新党の本部にあるホールに集まったスクール生は140人。女性の可能性を損ねてきた因習や制度を政治の力で変えようという希望を胸に、皆、キラキラと目を輝かせていたのを昨日のように思い出す。

長い間病床にあった昭和天皇が1989年1月7日に崩御。長く続いた「昭和」から「平成」へと元号が変わり、多くの人が新しい時代の到来に期待を膨らませた平成の初め、政治は明らかに閉塞状況にあった。

1988（昭和63）年にメディアのスクープで発覚した、リクルート社が子会社の未公開株を政財界の有力者に〝ばらまいた〟リクルート事件は政界を揺るがせ、「政治とカネ」の問題に世論は厳しい目を向けた。自民党から政治改革を求める声が上がったが、派閥間の駆け引きもあり、遅々として進まなかった。

精彩を欠いていたのは政治だけではなかった。経済も高度成長を実現した往時の活力を失っていた。1989（平成元）年末に日経平均株価が3万8915円に達したが、これをピークに株価は反転、90年代に入りバブルが崩壊した。平成の日本は「失われた30年」といわれる経済の低迷期に突入する。

細川護熙さんの突然の訪問で政治の道へ

そんななか、「女性のための政治スクール」をつくった私だが、そもそものきっかけは1992（平成4）年6月に元熊本県知事の細川護熙さんが突然、私の自宅を訪れたことだった。

月刊「文藝春秋」に新党旗揚げ宣言を書いた細川さんは、「政治とカネ」にまつわるスキャンダルが相次ぐ政治に失望していた国民の間に爽やかな期待の風を巻き起こし、一躍、時の人になっていた。

当時、私は結婚に悩む女性を対象に「ニコニコ離婚講座」を開いたり、女性問題についての原稿を書いたり、講演をしたりするなかで、「政治を変えなければ女たちの思いはかなわない。人口減少も止まらないし、女性の貧困も不平等もなくならない」と考えるようになっていた。

ニコニコ離婚講座は全国から受講者が殺到した。100回目の離婚講座後に原宿で開いた記念会で、多くの支援者のおかげで続いたことに感謝する筆者　1988年10月29日

そうした問題意識を伝えた私に細川さんは、「円さん、政治を一緒に変えましょう」と言い切った。私の心は震えた。

細川さんが旗揚げしたばかりの日本新党に入り浸るようになった私が最もやりたかったのは、女性の政治参加を促すことだった。講演などで女性たちの切実な声を耳にするにつけ、女性の窮状を政治によって改善するという志を持つ同士を増やす必要性を痛切に感じていたからだ。議員を増やすだけでなく、支援する人も増やしたい。政治に関心を持つ女性たちの裾野も広げたい。

そのために何をすればいいか。思い付いたのが「政治塾」だった。これなら、ニコニコ離婚講座で培った経験を生かせる。

企画書を練り、細川さんに相談し、党の了承をとり、1992年秋に生徒を募集。蓋を開けると、事務局の電話は鳴りっぱなし。予想をはるかに上回る1400超の応募があった。正月返上で論文を読み、受講生を140人まで絞り、開校にこぎつけた。

国会議員8人、地方議員120人

名称に「女性のための」とあるが、女性限定ではない。老若男女、誰でも応募できるので、男性のスクール生もいる。選挙で当選するために必要な「地盤、看板、カバン（鞄）」の面で女性のハンディは大きいので、あえて「女性のための」と銘打ち、逡巡する女性たちの背中を押そうと考えたのだ。

以来、30年間、「女性のための政治スクール」をなんとか続けることができた。受講生は延べ1300人以上。政治家になって受講した、スクール生から政治家になったという人も多い。国会議員は8人、地方議員は120人以上。

「女性のための政治スクール」には現役議員も参加しているので、ディベートや立ち会い演説、講師への質問などを聞くうちに、そうした先輩に触発されて、立候補に踏み出す人たちは少なくない。講義後のお茶会や食事会でのスクール生同士の情報交換も有益だ。「当選はあくまでスタート。本物の議員になれるようにスクールで勉強をしたい」と通う人もいる。

平成時代、政治スクールは幾つもできた。市川房枝政治参画フォーラム（1994年から）、赤松政経塾（2014年から）、パリテアカデミー（2018年から）など今も続くものもあるが、特定の政党や一人の政治家の支援者を増やす目的や、候補者発掘だけを狙った「スクール」や「政治塾」は、いつの間にか消えていった。

「女性のための政治スクール」が続いたのは、何のために政治参加を促すか、どんな政治家を増やしたいか、理念が明確だったこと。そして、党派にこだわることなく門戸を開いたからだと思っている。

女性議員が躍進した2023年統一地方選

2023年統一地方選にスクールからは県議選や市町村議選に63人が立候補、51人が当選した。女性の立候補は53人で当選したのは43人（勝率81％）。男性は10人が立候補し8人が当選した（勝率80％）。

ちなみに同年の統一地方選の市議選は、6635人の当選者のうち女性が22％の1457人で、4年前の18・4％を上回っている。「女性のための政治スクール」を開校して2年後の1995年統一地方選の市議選では、1万1051人の当選者中、女性は825人で7・5％だった。この30年で比率は3倍近く増えた。

この統一地方選では、生後2カ月の子を抱えて選挙を闘った候補者もいたが、スクールを立ち上げた30年前には考えられなかったことだ。第1章以降で具体的に紹介するが、女性の政治への進出を妨げてきた条件を、ひとつずつ克服してきたスクール生も含めた先達の努力の賜物だろう。

たとえば、今回の統一地方選でトップ当選し岐阜県議5期目となった野村美穂さんが16年前、県議選に初挑戦したとき、彼女は2カ月の子と3歳の子を抱えていた。第3章で詳述するが、出産後すぐに、立候補を決断した野村さんに、周囲はただただ驚いた。

最近、若い女性議員たちが議員控え室にベビーベッドを要望し、妊娠出産をハンディどころか逆手にとり、「それでも出馬はできる」「それでも議員活動はできる」としたたかに活動しているのを見ると、つくづく時代の変化を感じると野村さんは言う。

同じく5期目に挑んで当選を果たした島根県議の白石恵子さんは今回、夫が全面的に協力してくれたという。名簿に載る約1300人の知人や友人の挨拶回りを初めて手伝ってくれ、彼女の疲労度も半分になったという（白石さんについては第5章で詳しくふれる）。

男性の政治家の場合、女性の配偶者が冠婚葬祭から日常の付き合いまで、かなりの部分を夫に代わってやってきた。これに対し女性の政治家だと、夫が代わりに出向くと周囲が拒否反応を示すケースが多かった。挨拶は女性の役割という固定観念だろうか。

夫が手分けして支持者への挨拶に回ってくれるなどかつてはなかったことだ。男性が女性の手伝いをすることへの許容度もじわりと進んでいる。

２０２３年統一選で興味深かったのは、東京都調布市議に初当選した国民民主党の山根洋平さんの例だ。共働きで二人の子どもを保育園に預けている。子育ても家事も二人でやってきたので、選挙といっても妻任せにできない。朝は保育園に子どもを連れて行き、たすきを掛けて園前で演説。日中は街宣車で選挙運動。夕方にはいったん抜けて子どもを家に連れ帰り、ベビーシッターさんに任せて、また選挙運動に。

男女平等をさらりと実行する若い世代がどんどん出てきて当選するというのが、令和の特徴だろうか。中学校で家庭科の共修がはじまったのは１９９０（平成２）年。山根さんはまさに共修世代。女性も男性も着実に変わってきている。

女性議員が増えた平成時代だが……

スクールができる4年前、１９８９（平成元）年の参院選で土井たか子委員長が率いる社会党が大勝し、多くの女性議員が誕生した。「マドンナ・ブーム」と言われ、土井委員長は「山は動いた」という名言を残した。同じ年、初の女性内閣官房長官も誕生した。森山眞弓さんだ。私の出身校でもある津田塾大学の先輩である。

１９９２年5月には細川さんが日本新党を結成、１９９３年8月には38年続いた自民党政権が幕を下ろし、日本新党など8党会派が連立した細川内閣が成立した。この内閣では３人の女性閣僚、初の

1992年7月8日、参院選公示日に渋谷駅前で演説する細川護熙日本新党代表。左隣は筆者

女性衆議院議長、初の女性最高裁判事が誕生した。

　1990年代、DV防止法や男女共同参画社会基本法が施行されるなど、女性をめぐる状況は好転した。その反動か、2000年代には「ジェンダー・バックラッシュ」が起きるが、「選挙対策」という面もあるにせよ、女性議員の数は確実に多くなっている。

　2005年、小泉純一郎政権の郵政解散・総選挙で当選した「小泉チルドレン」には女性が少なくなかったし、政権交代を目指した民主党でも2000年代後半、「小沢ガールズ」に象徴されるように女性議員が増えた。

　2009年、民主党による歴史的な政権交代が実現した。衆院選で民主党は定数480のうち308議席を得る大勝利を収め、自民党を15年ぶりに下野に追い込んだ。リベラルな政権のもと、今度こそ、人口減少が食い止められ、性別役割分業や家族主義に基盤を置く法律や制度も変えられると、多くの人が期待した。しかし、民主党政権は政権運営の拙さや内部分裂から3年余りで幕を閉じる。期待されたほどの成果は、残念ながらあげられなかった。

　2016年には日本新党から自民党に移っていた小池百合子さんが、自民党を飛び出して、女性初の東京都知事になった。彼女が率いる「都民ファースト」の会は翌年、都議選で圧勝し第1党となる。勢いに乗った小池さんは同年10月の衆院選の直前に「希望の党」を旗揚げし、女性リーダーが政治を変えるとの期待が高まった。しかし、それは彼女の不用意な一言であっという間にしぼみ、衆院選では自民党が圧勝。

同じ年、アメリカでは、大統領選でヒラリー・クリントンが破れ、男性的なマッチョ政治家の典型であるドナルド・トランプ大統領が誕生。ヒラリーなら「ガラスの天井」を破ってくれる、という多くの女性の期待はかなわなかった。

女性が政治にかかわると、いいことがある時代に

悲観的なことばかりではない。世界を見ると、ドイツのアンゲラ・メルケル首相。ニュージーランドのジャシンダ・アーダーン首相。台湾の蔡英文総統など近年、女性リーダーたちの活躍が目立つ。日本でも、女性の政治的な存在感が地方を中心に増している。「女性のための政治スクール」のスクール生たちも次々と選挙に挑戦している。子育てを終えた人、出産後すぐの人、ＬＧＢＴＱの当事者……。誰でも、そしてどんな境遇でも、志があれば政治に参加できるのだと、身をもって示す女性たちが増えているのは心強い。

「女性のための政治スクール」を立ち上げた頃は、「政治なんて」と忌避する女性がまだ多かったが、状況は明らかに変わっている。「女性が政治にかかわると、ろくなことはない」という考えが薄れてい

ったのが平成時代だったとしたら、令和は、女性が自らを取り巻く理不尽な制度や法を変えていくことで、「女性が政治にかかわると、いいことがある」という時代になるのではないか。

1996年、参議院議員だった私が提案した夫婦別姓の議員立法は、国会で審議すらしてもらえなかった。今や、反対し続けている自民党を支持する人たちの間にも、夫婦別姓に賛成の人が増えている。政治家より、国民のほうが先に多様な生き方を受容するようになってきているのだ。世論の変化に気付かず、多様性を許容できない政治家はいずれ淘汰されるだろう。

女性政治家のロールモデルを

ドイツや台湾のように、日本でもいつの日か、女性がトップになる日が来るだろう。もちろん、女性であれば誰でもいいというわけではない。私の願いは、軍事大国への道を採らない女性であってほしいこと。正しい道であれば、周囲がどうであれ筋を通す度胸と胆力のある女性であってほしいということだ。

女性は男性以上に切磋琢磨する必要があるかもしれない。新たな道を切り拓く者は、すでにある道を行く人以上の努力が求められるからだ。その時に必要なのは支えてくれる仲間だ。仲間とともに努力を重ねるなかで、胆力も鍛えられるはずだ。

大切なのは、女性政治家のロールモデルをつくることに他ならない。モデルがあれば、若い女性たちのなかに、「私も政治家になろう」「人や社会のために働こう」という人が増えるに違いない。

第1章

国政に身を投じたスクール生たち

「女性のための政治スクール」から政治の道に飛び込んだ人、あるいは活動の幅を広げるため「スクール」に通った政治家は、地方議員から国会議員まで幅広い。第1章では、私と同じように国政の場で活躍したスクール生たちを紹介しよう。

町の福祉を変えようと政治家に

現在、立憲民主党の衆議院議員である金子恵美さんが「女性のための政治スクール」に初めて参加したのは、福島県保原町の町議の時だった。

金子さんが政治家になると決めたのは、町の福祉を変えようと思ったからだ。家族の看護や介護の経験、障害を抱える妹の世話を通じて、福祉政策の問題点、改善するべき箇所が見えてきた。日本が高齢化社会に突入するなか、放っては置けない。できるところから変えていこうと決意し、政治の世界に飛び込んだのだ。

父の金子徳之介が保原町長や衆議院議員（自民党〜新生党〜新進党）をつとめたことから、政治にはもともと関心があった。日本の大学を出た後、カリフォルニア州立大学院でも学んだ〝国際派〟でもある。町議選があったのは2000（平成12）年2月。4月に介護保険が施行される時期で介護への世論の関心が高まって

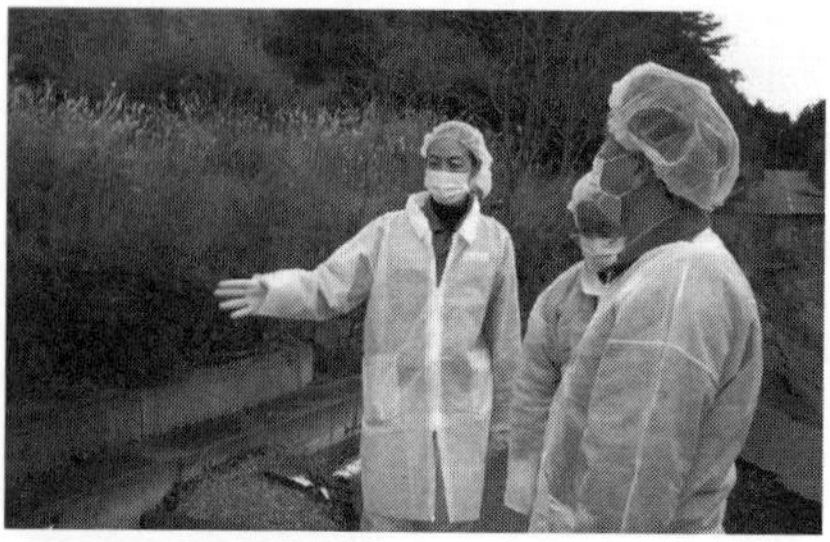

避難地域の福島県双葉町のあちこちに長期間放置されている空き家等を視察する当時の復興大臣政務官の金子恵美さん

いたことも追い風になり、初挑戦で見事に当選した。

「介護や看護など福祉が話題にされていて、福祉のことが分かる人が必要とされていたのが、当選の要因だと思います」と金子さん。初めての選挙戦は、主張を地道に訴えて回る、昔ながらの「どぶ板選挙」だったと笑う。

当選して驚いた。22人の議員の中で女性は彼女だけ。議場には女性用のトイレもなかった。政治についてまんざら知らないわけではなかった金子さんだが、自らの目で見た偏りには、さすがに愕然としたらしい。

町議として活動しながら、介護福祉専門学校で講師をしていた金子さんは、福祉政策を充実するには女性の視点が絶対に必要だという思いを強めた。平成の大合併で２００６年１月、保原町が近隣の伊達町、梁川町、霊山町、月舘町と合併して伊達市になると、伊達市議になった。

意欲のある女性たちを支援する女性

そんな金子さんに注目していたのが、会津若松市でホテルを経営するかたわら、女性の地位を向上させようと、福島で女性議員を増やす活動を続けてきた山崎捷子さんだった。

山崎さんは議員にはならなかったが、政治にはずっと関心があり、「女性のための政治スクール」に通い続けていた。学ぶだけではなく、スクールの運営にもかかわるようになり、地方での「出前スクール」の第1回は会津若松市で開いた。

ホテルの経営者として地域に根をはる山崎さんは、まちの振興にも様々なかたちで関わってきたが、なによりも男女共同参画の活動に力を入れ、意欲のある女性たちを支援してきた。伊達市で頑張る金子さんを見て、山崎さんは「国政に出したい」と考えたという。国政に出るつてを求めて「女性のための政治スクール」に通わせるようにした。

山崎さんを見ていると、明治時代に津田梅子が女子英学塾をつくるにあたり、陰に陽に支援した大山捨松を思い起こす。いわゆる、「縁の下の力持ち」である。

大山捨松はもともと山川咲子といった。会津藩の国家老の娘で、会津戦争では籠城という生死をかけた経験もしている。梅子と共に岩倉具視使節団の船で渡米。10年に及ぶ留学生活を経て、日本に帰国した後、陸軍大臣もつとめた政治家・大山巌と結婚した。

時代は、表舞台に立つ人だけではなく、こうした舞台裏で頑張る人たちによってつくられるのである。

追い風の民主党から国政に転身

話を戻す。山崎さんの橋渡しで伊達市から東京のスクールに通うようになった金子さんは、2007年参院選で民主党から立候補をする。当時、民主党の代表は小沢一郎氏。政権交代に向けて党には勢いがあった。自民党に圧勝したこの選挙で金子さんも福島県でトップ当選した。

2009年、民主党は政権交代を果たす。金子さんは2011年の東日本大震災の後、復興庁の政務官として地震と津波で大きな被害を受けた震災地・東北の復興に尽力する。彼女の地元の福島県も、原子力発電所の事故も含めて甚大な被害を受けた。公私ともに多忙ななか、スクールで学ぶ政治を志す後輩のため、時間を割いて講師を引き受けてくれた。

民主党政権が崩壊後の2012年参院選ではあえなく落選したが、2014年衆院選で国政に返り咲き、今は立憲民主党の衆議院議員である。

町の福祉を変えたいと政治家になった金子さんだが、事はそれほど簡単ではない。介護保険が施行されても、人々の意識はなかなか変わらない。特別養護老人ホームの必要性を訴えても、議場から返ってくるのは「介護は家族がするものだろう！」という声が大半。子育て支援を訴えると、「お前が産めばいいだろ！」と言われる始末だった。

都議会でも2014年、子育て支援を訴えた塩村文夏議員に「早く結婚したほうがいいんじゃないか？」「まずは自分が産んでから！」「産めないのか？」などの野次が飛び、大きな問題になった。思えば、議会ではこうした光景は日常茶飯事だった。

意志決定機関に女がいないために、いつまでも女の問題を解決できない。そこをまずは変えなくてはいけない——。野次に耐えながら心の底からそう思ったと、金子さんは言う。野次だけではない。当時の町長は金子さんの質問に「介護は家族がするもの」と答弁した。金子さんは町で初めての女性議員で、女性の期待を背負っていたから、嫌でも女性代表という意識を強く持ったし、スクールに通ったことでますます、女性の視点で政策作りをする必要性を学んだという。

差別された側から声をあげる

もう一つ、金子さんがずっと深刻な社会課題だと考えているのは、いわゆるヤングケアラーの問題だ。彼女が9歳の時に生まれた妹には障害があった。姉として、彼女の世話をしてきた自分は、今で言うヤングケアラーだったと言う。妹の世話が決して嫌なわけではない。嫌だったのは妹が心ない差別を受けたことだ。そして、妹の面倒をみる自分もまた、様々な理不尽な差別を受けた。

こうした経験は、政治家として糧になっていると金子さんは述懐する。ヤングケアラーの当事者からの相談に、具体的に、そして親身に対応できるからだ。

障害者とその介助者への差別、女性に対する差別、そして、自身がアメリカの学校で学んでいた時に受けた人種差別……。個人として、政治家として、社会には多くの差別があることを知った。決して愉快ではないそうした経験を通じて、差別問題に敏感になったことが、「障害者差別解消法」の成立に邁進した理由だと言う。

2013年に制定された「障害を理由とする差別の解消の推進に関する法律」(障害者差別解消法)は、すべての国民が障害の有無で分け隔てられることなく、相互に人格と個性を尊重し合いながら共生する社会の実現に向け、障害を理由とする差別の解消を推進することを目的とする法律だ。金子さんは民主党が政権を取る前から、当事者の人たちと協議を重ね、法案をつくってきた。

野田政権では内閣府の政務官になり、障がい者制度改革推進会議を担当した。しかし、法の成立前に民主党は下野し、当事者が目指した厳しい差別禁止法ではなく、差別解消法となってしまった。それでも金子さんはめげることなく法改正を目指し、少しずつ前進させている。

世の中の主流派、多数派は、少数派を差別しがちだ。それが社会の実態である。だからこそ、それを変えるためには、差別された側が声をあげ、制度を変えていかなければならない。男性が主流であり続けた日本の政治において、それは女性の役割に他ならない。私もそう信じて、政治活動を続けてきた。

金子さんを見ていると、かつての自分の姿を見るような思いがする。ますますの活躍を願ってやまない。

女性政治家のスター、小池百合子氏に挑む

「女性のための政治スクール」に通い始めた時、江端貴子さんは市井の人だった。民主党による政権交代という、戦後日本政治の画期をなす大きな渦に巻き込まれ、衆議院議員を目指すことになった。しかも相手は、平成女性政治家のスターの一人、現東京都知事の小池百合子さんだ。

スクールに通うきっかけは、たまたま家で見ていたテレビで参議院の予算委員会で質問する私を見たことだったという。「丁寧だけど、歯切れが良くて、大臣からちゃんと良い答弁を引き出していく姿勢に感動しちゃったんです」と江端さん。

「円より子」について調べ、「女性のための政治スクール」を知り、すぐさま申し込んだ。もちろん動

機があった。同居する母親の介護が必要なのに、同居人がいると、働いていても施設入所などで不利なことが多い。これはおかしい。働く女性が増えているのに、介護保険制度ができてもなお、女性や家族が介護すべきだという思い込みを、政治の力で変えたいと思ったのだ。彼女の政策を構想し練り上げる力、人びとをマネージする能力に感心した私は、スクールの副校長に起用し、日々の運営を手伝ってもらうことにした。

2008年、私は民主党東京都連の会長だった。都連会長にとってもっとも大切、かつ難しい仕事は、東京の選挙区の公認候補を党代表の小沢一郎氏と決めることだ。民主党は候補者の公募を行っており、合格した人を現職がいない、どの選挙区から出てもらうか、頭を悩ませていた。

駅や住宅の一角で演説する江端貴子さん

出身校があったり、地縁があったり、その地域に集票力のある運動体などを持っていたりすればすんなり決まるが、そうでなければ難航する。元職が出馬に意欲を示したり、ドングリの背比べの候補が複数いたりすると、調整は困難をきわめた。女性に限らず、男性であっても、新人が選挙に出るのは本当に大変なのだ。江端さんも例外ではなかった。

江端さんが立候補を目指した10区では、元自民党の小林興起さんも民主党から立候補を模索していた。小林さんは前の衆院選で小池さんに敗れて〝浪人中〟で、民主党の公認を得て返り咲きたいと、小沢さんや党の重鎮である石井一・元自治大臣らに懸命に働きかけていた。

親分肌の石井さんは、「小林のようなベテランを入れれば、すぐにも民主党の役に立つ」と江端さんを外すよう小沢さんにねじこんでいたが、私は「明るくて政策にも強い女性である江端のほうが、選挙の顔として党に貢献できる」と主張した。

政治経歴の長い小林さんに能力があることは分かっていた。しかし私は、どうしても「ふつうの女性」のイメージの強い江端さんでいきたかったのだ。なにより、小池さんと正反対の、柔らかく初々しいイメージがよかった。

米国に本社を置くコンサルティング会社であるマッキンゼーで働いていた頃の彼女は、家に1週間帰らなくても平気で徹夜仕事もいとわない猛烈な仕事人間。東京大学の特任教授にもなった掛け値なしのバリキャリだが、そんな風には全然見えない。

「頼りなげな感じの江端さんで、人を食って生きている小池（百合子）に勝てるのか」と不安げな小沢さんに、「初々しい江端さんだからこそ、民主党の顔になる。絶対に勝ちます」と力説した。小沢さんは結局、江端さんを東京10区の民主党候補に決めた。

1年半、4000カ所で辻立ち

江端さんが10区の公認に決まってから、幾度となく衆議院の解散風が吹いた。しかし、麻生太郎首相は任期満了の寸前まで解散をしなかった。それまでの1年半、江端さんは連日、〝辻立ち〟をした。辻立ちは大抵、住宅地の一角でやるから、朝早くても、夜遅くてもそこに住む人たちに迷惑がかかる。票を増やすための活動が逆効果になっては意味がない。そこで、10時から17時、3分間だけ話をし、車で3分移動して、また3分間話すというパターンを、1日あたり70回、繰り返すことにした。まったく気の遠くなるような活動だが、江端さんはこれを10区全域で1年以上、やり通した。

なにしろ相手は現職の小池さんだ。知名度ではかないっこない。客観的に見れば、そびえ立つ壁に卵を投げつけるようなものだ。それでも継続は力なり。「民主党の新人女性がいつもしゃべってるわよ」という好意的な噂が、選挙区内にじわじわと広がった。

2009年7月21日、麻生首相は衆議院を解散。8月30日に投開票された衆院選で江端さんは小池さんを破った。この選挙で民主党は300議席以上を獲得、戦後日本政治で初めて、選挙による政権交代が実現した。

「天の時」があったからこそ、政権交代も実現したし、江端さんも当選できたのは確かだ。しかし、「天の時」を引き寄せるのは人の努力である。1年半、4000カ所での辻立ちが、難攻不落にも見えた小池さんの城塞を崩す大きな要因になったのは間違いない。

とはいえ、さすが小池さん。自民党が大敗したこの選挙でも比例で復活当選し、2012年衆院選では、江端さんを大差で破った。民主党が政権を失うこの選挙で江端さんは比例復活もできずに落選。2014年12月の衆院選に再び挑戦したが、当選はかなわなかった。

２０１５年統一地方選では10区の総支部長をつとめていたが、定員36人の豊島区議選に５人を立てたものの３人しか当選させられず、政治からの引退を決意した。

財政・金融の大切さ

衆議院議員になった江端さんは文部科学委員会に入り、高校授業料無償化の法案の質疑にたずさわる。厚生労働委員会にも所属した。政治に興味をもつきっかけが、母親の介護を通じて知った介護制度の非合理さだったからだ。

ただ、厚労委員会で活動するうちに、彼女は歯がゆさを感じるようになった。委員会は国会開会中に政府から提出された法案だけを審議するのが基本。一般質問で介護についての質問はできるが、深掘りはできないからだ。そこで民主党厚労部会で介護保険の改善に尽力しようと考えたのだが、直面したのが「結局は財源をおさえないとどうしようもない」という現実だった。次の年から財政金融委員会、予算委員会に所属することにした。

財政金融委員会には、私自身、思い入れがある。というのも、女性議員には珍しく、この委員会に長く身を置いた経験があるからだ。２００４年には、女性初の参議院財政金融委員長にもなった。

委員会に所属していた頃、私は中山素平さんら興銀関係者の薫陶を受けた。中山さんは、財界の鞍馬天狗という異名でも知られる元日本興業銀行頭取。高度成長期の日本の経済界をリードした伝説的な人物である。

小泉純一郎政権で財務大臣をつとめた「塩じい」こと塩川正十郎さんに、「円さんは本の読みすぎ、勉強のしすぎ」とからかわれたり、小渕恵三、森喜朗政権で大蔵大臣、財務大臣をつとめた宮澤喜一さんとの議論が「まるで大学の教授と学生の議論みたいで、難しすぎるよ」と言われたりしたが、この時の経験は私の政治活動を大いに深めてくれた。

財政金融委員会に所属した江端さんは後に、「女性がほとんど希望しない財政金融委員会を円さんが希望し、委員から理事、委員長を二度もつとめているわけがよく理解できた。経済・財政・金融が国の根幹で、人々を助けることにすべてつながる」と話してくれた。その通りだと思う。

とはいえ、財政・金融は、大学で経済学も金融も勉強していなかった私のような素人には、難しい分野だったのも事実だ。大学生のころは、政治家になるなどとは夢にも思わなかったので、仕方ないとも言えるが、それだけではない構造的なものも感じないではない。

女性の大学進学率は上がっても、かつてはほとんどが家政学部や文学部に進み、理系・工学系、金融経済系の学部に入る女性は少数だった。近年は経済系の学部に入学する女性も確実に増えてはいる。1996年、商学・経済学関連学科の女性は18%だったが、30年近くたって28%までに達しているという数字もある。

自分が実現したい政策を進めるには財源が必要だ。アメリカでは女性のイエレンさんが財務大臣をつとめている。日本でも、国会や地方議会の場で、金融や財政に強く、国や自治体の骨格について議論できる女性議員が増えることに期待したい。

政治スクールで学んだ女性の国会議員たち

現在の仙台市長である郡和子さんも「女性のための政治スクール」の生徒だった。２００５年衆院選に民主党から立候補して当選、２０１７年に市長に転じるまでつとめ、野田佳彦政権では内閣府大臣政務官などをつとめた。

スクールに参加していた頃の郡和子現仙台市長（左）と筆者

衆議院議員を経て名古屋市議に再度なった佐藤夕子さん（右）と筆者　2019年、名古屋

名古屋市の河村たかし市長に、「鍛えてほしい」とスクールに送りこまれた佐藤夕子さんは２００９年から２０１２年まで衆議院議員だった。今は名古屋市議として活躍する。現在、埼玉県草加市長をつとめている山川百合子さんもスクールの仲間だ。埼玉県議を５期つとめ、２０１７年衆院選で立憲民主党から立候補して当選、１期つとめた。

２０１３年から２０１９年まで、参議院議員を１期つとめた薬師寺道代さんが「みんなの党」から立候補したいと相談にきたのは、２０１０

年参院選の直前だった。党公認で愛知選挙区から立候補して次点の4位で落選。2011年愛知県知事選を経て、2013年参院選でみんなの党の公認で初当選を果たした。2019年に自民党に入党したが、新型コロナウイルスの感染拡大に伴い、本業の医師としての活動に専念するため、2021年の衆院選の出馬はとりやめた。

青森選挙区の参議院議員、田名部匡代さんもスクール生だ。細川佳代子校長らと共に韓国にも行った。韓国ではクォータ制を導入して女性議員が増えていたからだ。彼女は2003年から衆議院議員を3期つとめた後、参議院議員に。父親は元農林水産大臣の田名部匡省さん。世襲議員だが、何度も落選し、苦労している。

2000年の初めての選挙では、自民党の大島理森（後に衆議院議長）さんに敗れ、比例でも復活できなかった。2003年、日野市朗さんの死去で繰りあげ当選したが、同年の衆院選で、再び大島さんに敗れる。2005年、2年ぶりに衆議院議員に復帰。2009年の政権交代選挙では、367票の僅差で大島さんに敗れたが、比例復活で3選した。2014年は選挙区で大島さんに敗れ、比例も落選。2016年、参議院に鞍替えして当選した。22年の参議院選で再選をはたし、現在2期目。

自らのこともあわせてつくづく思う。選挙とは本当に大変だ。

JAXA在籍のまま参院選に挑戦

JAXA（宇宙航空研究開発機構）を辞めず、在籍したまま国政選挙に出て話題になった参議院議

参院選に東京選挙区から出馬した水野素子さん（右）と応援する筆者　2019年7月

員の水野素子さんが国政に初挑戦したのは２０１９年夏の参院選。国民民主党の公認で東京選挙区に出て落選した。その後、立憲民主党に移り、東京16区（江戸川区）の総支部長に。２０２１年衆院選は惜敗したが、２０２２年、参院選に再び挑み、神奈川選挙区で当選を果たした。

離婚して２人の子どもを育てながらの選挙・政治活動。子育てとの両立に悩むこともあり、スクールでよく相談にのった。

江戸川区が選挙区だった時は、東京・武蔵野市の家と学校を離れたくないと言う子どもたちの世話をするため、行ったり来たりしていた。そして今は、神奈川である。別れた夫は、彼女が江戸川区に通っている時は子どもたちの面倒をみてくれた。彼女が神奈川に事務所をもち、神奈川を根城に活動するようになると、夫が元の家で子どもたちと暮らしてくれたという。

選挙は一人ではできない。子どもたちや、時に別れた夫も、そして友人、支持者ら本当に多くの人の支えがいる。そうした人たちの原動力は、「この人なら、私たちのために働いてくれる。社会のために頑張ってくれる」という信頼に他ならない。

国会議員に必要なこと

国会議員とはどういう存在か。自身の参議院議員としての経験を踏まえて考えてみたい。

国会議員になった時、母に「今まで以上に身を律しなさい」と言われた。有権者の誰が見ているか分からない。いや、見られていても、いなくても、天に恥じることのない生き方をしなさいという教えだった。

勉強も欠かせない。日本の国土計画に深く関わってきた下河辺淳さんに、睡眠時間を訊かれたことがある。「5時間」と答えたら、「3時間でいい。もっと勉強しなさい」と言われた。日本新党の企画調整本部長には、財政、金融経済、外交防衛がわからなくては国会議員はつとまらない。一流の専門家にブレーンになってもらえるよう勉強に励めと発破をかけられた。

国会での質問の準備をしながら、勉強もする。有権者に恥じぬ行動をするため、日々自問自答する。幸い、新しいもの、知らないものを吸収するのが好きだったこと、「女性のための政治スクール」や勉強会で素晴らしい講師に恵まれたことで、国会議員を続けられたが、体力と気力が求められる仕事だとつくづく思う。

国会議員の資質として必要だと思うのは、第一に、来る者は拒まず去る者は追わず式の誰とでも付き合えるフランクさだ。政策や考えが人によって違うのは当たり前。いちいち排除していては人を束ねていけない。

第二に、気分転換や気持ちの切り替え。新聞の「首相動向」を見ると、毎日多くの人に会い、会合をこなしている。国会議員だって似たようなもの。加えて勉強。私の場合、家事や子育てもあった。ひとつのことをいつまでも引きずっていては、先に進めない。

国内外でどんな事件が起きるかわからない。何かがあれば、瞬時に対応する柔軟さも大切だ。女性に限らず、子育て中の若い人たちにすれば、家族の時間を犠牲にすることもあるだろう。責任ある仕事についていることを日頃から子どもにも話しておく。いざという時は、代わりに子どもを見てくれる人を見つけておくことも必要だろう。

第三に、修羅場に耐え、切り抜ける胆力である。自らを鍛えることもさることながら、一緒に立ち向かうブレーンや仲間、支持者も大事。日頃から「チーム」をつくる人間力は不可欠だろう。

こう書くと、議員になるのを躊躇する人もいるかもしれない。しかし、この国の人々の命とくらしを守るため、平和を維持するため、政治という仕事は誰かが担わなければならない。決して楽ではないが、社会を少しずつでも変えていける、一度限りの人生を賭けるのに足りる仕事だと、私は心底思ってきた。

だからこそ、やってみたいと思う人は思い切って飛び込んでみてほしい。とりわけ、女性たちに期待したい。

第2章

平和を求める女性たち

独裁者が始めた戦争で命を落とすのは市民

ロシアのウクライナ侵攻が始まって1年以上がたつ。2023（令和5）年6月現在、ウクライナ、ロシア両軍の死傷者は既に35・4万人と言われる。ウクライナの民間人の死者も8500人近く、負傷者は1万4千人以上に達しているといい、残念ながら、ますます増えていると言う。

ウクライナ侵攻はなぜ起きたのか。ロシア、ウクライナ、ヨーロッパ、アメリカ、それぞれに国家の論理があり、大義があり、感情があり、それらが幾重にも絡まり合って、生じたのであろう。外交・安保の専門家ではない私には、正直いって真相は分からない。

ただ、ひとつ確信していることがある。それは、政治家が大義をふりかざして始めた戦争で大きな犠牲を強いられるのは、いつも市民だということだ。命を落としたり、傷ついたり、不幸な境遇に見舞われたりするのは、平和なくらしを願う市民たちなのだ。

そして、私たち女性には、戦争はいつも男の顔をしているように見える。

1989（平成元）年末、ブッシュ・米大統領とゴルバチョフ・ソ連共産党書記長がマルタで会談し、冷戦の終結を宣言した。そのひと月前、東西分断の象徴だったベルリンの壁が崩壊。イギリス出身の人気ロックミュージシャン、デヴィッド・ボウイのコンサートに、壁の東側に住んでいた人たちが多数詰めかけて、生演奏に熱狂していた光景は今も鮮明に覚えている。

1991年にはソビエト連邦が崩壊。米ソが争い続けた半世紀近くに及ぶ時代が終わった。もう世界大戦に脅えることはない。21世紀には平和な世界をつくれるに違いない。私たち人類は未来に明るい希望を見いだしていた。

その時に向けて、政治の世界に女性を増やさなければならないと私は思っていた。女性の視点で、男の顔をしている戦争のない平和な社会を築き、女性をはじめ弱者を苦しめてきた不公平な制度をただしていく。それこそが戦争を二度と起こさない道になるはずだ——。「女性のための政治スクール」にはそんな思いも込めていたのだ。

だが、それから30年がたった今、世界は80年も前に逆戻りしたかのようだ。ウクライナ侵攻を進めるプーチン・ロシア大統領は、まるでヒトラーかスターリンに見える。

一人の独裁者によって、人々の命と日常が失われるのを防ぐ手段の一つとして、政治の世界に女性を増やし、声を上げ続けなければならない。スクール生はあらためて、そしていっそう強くそう感じている。第2章では、平和で暴力のない社会を求めて奮闘してきたスクール生たちを紹介する。

ガンの手術を転機に政治の世界に

一人目は札幌市議の篠田江里子さんだ。2022年春にロシアのウクライナ侵攻がはじまって以来、朝の街頭演説で侵攻に抗議するとともに、国際社会が停戦を促すよう訴えてきた。1年以上が経ち、犠牲者が増え続けていることに悲しみ、憤りを持ちつつ、人々の関心が薄れないよう、フェイスブックの背景に「ウクライナに平和を!!」と入れ、日課の朝の街宣では、必ず早期のウクライナ侵攻停止を訴えている。

彼女の母方の祖父である樋口季一郎は「日本のシンドラー」と言われる杉原千畝に匹敵する人道支援をし、何万人ものユダヤ人を救った人だ。その生き様を知る彼女は、祖父の思いを受け継ぎ、人びとが暴力に脅えずに過ごせる世界の構築に貢献したいと考えている。

政治とは関係がなかった篠田さんが、政治と深くかかわるようになったのは、2000年12月に甲状腺ガンの手術を受けたのがきっかけだ。思いもかけなかった病にかかり、「これからの人生は思い切って生きよう」と心に決めたとき、選択肢の上位に「女性のための政治スクール」への入学が上がってきたという。

円より子という名前と政治スクールのことは以前から知っていた。祖父の影響で人のために何かしたいという思いはあったのだが、自分は政治と縁遠いと思っていた。病を経て躊躇が消えた。

筆者の応援でマイクを握る篠田江里子さん
2019年7月8日、台東区入谷の朝顔市で

翌年、入校。共に勉強する仲間たちが、自分と変わらないふつうの女性であり、そういう人たちが政治家として活躍するようになるのを知り、新鮮な驚きを持ったという。

篠田さんは東京生まれだが、結婚後、夫の地元である札幌市で過ごし、二人の子を育てた後、外資系企業に勤め、スクールに来た頃は東京で単身赴任。何年間かスクールで勉強するうち、民主党が2

007年統一地方選の候補者を公募することを知り、札幌市議選に出たいと私に打ち明ける。

私は、札幌にいる日本新党時代からの仲間、荒井聡衆議院議員に相談。面接をしてもらい、民主党公認で市議選に出ることになった。ただ、彼女の家のある区には既に公認候補がいた。隣の区なら可能というと彼女はためらわずそれを受けた。当時の民主党には勢いがあり、彼女も私も馴染みのない選挙区でもチャンスはあると考えていた。夫も賛成し、全面的に支援してくれた。家のある選挙区だったら、これまで夫が支援していた市議との軋轢が生じ、かえってやりにくかったかもしれず、逆にラッキーだった。

隣りとはいえ、区内に子どもの学校の関係者も多く、支援の輪が広がった。見事に当選。現在5期目だ。「子どもの声、女性の声の届く、暮らしやすい町にしたい」という初心を胸に、今も元気に駆け回っている。

北海道とユダヤ人を救った篠田さんの祖父

ここで、先述した篠田さんの祖父についてふれておきたい。ポーランドからリトアニアに逃れてきたユダヤ人六千人余にビザを与え、その命を救った日本の外交官の杉原千畝のことは、よく知られている。だが実はもう一人、ユダヤ人を救った日本人がいた。それが樋口季一郎である。

ソ連国境から満州を経て上海租界に逃れようとしたユダヤ人に、満州国外交部は許可を出し渋っていた。日本はドイツと同盟を結んでいたからだ。ハルピンにいた陸軍軍人の樋口はこれを知り、満鉄総裁だった松岡洋右にかけあって許可させる。公式記録はないが、「ヒグチ・ルート」とよばれたこのルートで、2万から3万人のユダヤ人が助かったといわれている。戦後、スターリンは樋口を戦犯に指名したが、世界ユダヤ人会議を先頭に世界中のユダヤ人コミュニティがロビー活動をして、戦犯にならずにすんだ。

もう一つの彼の大きな功績は、北海道を救ったことである。1945(昭和20)年8月、降伏直前の日本にソ連が参戦した時、樋口は北方軍を指揮していたのだが、武装解除の命に従わず、8月18日以降も、占守島、南樺太へのソ連侵攻軍への抗戦を指揮して成功させた。これがなければ、北海道すべてとは言わないまでも、半分はソ連に取られていたかもしれないと言われている。

ソ連のスターリンは戦後、満州にいた日本兵や民間人60万人をシベリアに強制連行した。零下60度の土地で働かせられ、多くの日本人が餓死、凍死した。スターリンは日本人だけではなく、多くのウクライナ人もシベリアに強制連行している。ウクライナは世界の穀倉地帯と言われる豊穣な土地だが、農地が集団化された際、反対した人たちがシベリアに送られたのだ。

篠田さんは「私にはプーチンがスターリンに見える」と言う。「ソ連は崩壊したと思っていたけど、ウクライナに侵攻しているロシアを見ると、祖父の時代と少しも変わってないのよね」と語る篠田さん。理想論かもしれないが、女性の政治家を増やし、武力ではない方法で自由と平和な世界をつくらないといけないという思いを募らせている。

岸田氏に核兵器禁止条約の批准を言い続けて

岸田文雄首相の選挙区である広島で、アメリカとの関係があるにせよ、世界で唯一の被曝国の我が国は核兵器禁止条約を批准すべきではないかと、岸田さんに言い続けているスクール生がいる。5期20年広島市議をつとめ、2023年5月1日に退任した馬庭恭子さんだ。

ウクライナ侵攻が思うにまかせないからか、ロシアのプーチン大統領は核兵器の使用を匂わせているが、核兵器禁止条約は核兵器を使用することも威嚇することも禁止している。条約はすでに発効しているが、我が国は批准していない。

首相になる前、岸田さんはよく地元の広島に帰り、あらゆる集会に顔を出していたという。「いつも私の隣の席なのね。だから、核兵器禁止条約の批准はどうなりますかと聞くんだけど、岸田さん、困った顔で、ううんとうなるだけなの」と言う馬庭さん。核の話になると馬庭さんの顔を思い出すんです、と岸田さんに言わせるほど、彼女の平和にかける思いは強い。十数年前にはニューヨークの国連会議にも参加した。「黒い雨問題」にもかかわってきた。いかなる国にも二度と核兵器など使わせてはならないという信念は筋金入りだ。

後継の女性を当選させ、政治の世界から身を引いたかたちだが、広島サミットは残念だったという。地元出身である岸田首相には期待もしたが、バイデン・米大統領に首根っこを掴まれたのか、肩すかしをくらった思いだった。もっと純粋に平和について議論してほしかったし、資料館を見たという首脳たちの情報もしっかり開示してほしかった。ゼレンスキー・ウクライナ大統領を呼んで武器供与を強調するサミットになり、広島でサミットをやる意義と成果が「見えんかった」と悔しがる。

そもそも馬庭さんは、なぜ政治家になったのか。

大学を出た後、テレビ局で社長秘書をしていたが、結婚して退職。思えば、当時のテレビ局は、女性は使い捨てだった。女性問題の評論家時代、私は全国のテレビに出演したが、どこへ行っても、「ずっと仕事を続けたいのに、若くないと駄目なんです」という女性たちの怒りを聞いたものだ。

その後、看護学校に通い、病院で8年間勤務した。42歳の時に大学院の修士課程で勉強。訪問看護ステーションを立ち上げて、地域の訪問看護を始めた。ところが51歳の時、卵巣ガンが見つかる。ガンは摘出。命は取りとめたが、この経験が彼女を変える。どの医者が良い医者か素人には分からない。広島のどこの病院にいっても良い治療を受けられるように、標準治療を誰でも受けられる医療体制をつくりたいと思ったのだ。

ちょうど介護保険が実施される時期で、訪問看護ステーション所長の彼女は市役所などと交渉する機会が多かったが、らちがあかないことがしばしばだった。これは議員になった方が早いと考え、誰にも相談せず広島市議への立候補を決意。商店街にあった倒産した空き店舗を、当選したらずっと借りるという条件で借りた。

A4のビラを作り、幼なじみと2人で各家庭のポストに入れる。呆れた夫は、もう少しシステマティックにやる方法はないのかと言った。う～んと考えた。自分のやりたいのは、広島の医療と介護を良くすること。だったら病院の前に立って、患者の人たちに「私はガンにかかりました。医療を良くしたいのです」と訴えるのが一番だ。

選挙が告示され、友人たちとポスターを貼ると、訪問看護ステーションに「馬庭さんによう似た人のポスターが公営掲示板に貼ってあるが、あれは妹さんか姉さんかな」という電話がかかった。「本人です」と言うと、「なんではよ言わんのや。間に合わんやないか」。多くの人が、「うちのお父さん看取ってくれた人や。この人に入れて」と駆け回ってくれた。

所属していた看護協会には事前に挨拶に行ったが、「あんたが当選して自民党の人が落ちたらどうしてくれる」と文句を言われ、馬庭さんは推薦していませんという文書まで流された。聖路加看護大学大学院の恩師、日野原重明先生に連絡すると、顔写真と「推薦する」という言葉を使っていいと言われた。

目指すは広島県内の女性議員100人

訪問看護で大勢の人の世話をしていたことと、日野原先生のおかげで初当選。市議として活動する傍ら、「広島県内の女性議員を100人に増やす会」を立ち上げた。引退した2023年統一地方選でも女性候補の応援に駆け回った。うれしいことに広島市議は女性が5人から10人に倍増。県内全体の女性議員は69人になった。今後はNPO活動などに力を注ぐというが、4年後の統一地方選ではおそらく県内の女性議員100人の実現に向けて奔走しているに違いない。

ウクライナ侵攻が始まって以来、市民の有志と街で抗議を続けた日高市議の田中まどかさん（右端）

島根県議の角智子さん（第5章で詳述）や埼玉県日高市議の田中まどかさん（第8章で詳述）など、スクール生たちは全国のあちこちで、プーチンのロシア侵攻が1日でも早く終わるようにと祈り、ウクライナの人々のために募金活動もした。

　2023年の統一地方選で当選、5期目に入った角さんは今も街頭演説を続け、ウクライナ侵攻に抗議の声をあげ続ける。2023年統一地方選でトップ当選をした田中さんは、毎年有志で開くピースフェスティバルに在日ウクライナ人家族を呼び、講演会と写真展を実施するなど、ウクライナの人たちのために何かできないかと考え続けている。

米下院議員バーバラ・リーさんのこと

　戦争と女性議員について考える時、いつも脳裏に浮かぶのは米国の下院議員バーバラ・リーさんのことだ。2002（平成14）年の夏、私は彼女と会った。

　前年に起きた9・11の後、アメリカの議会はブッシュ大統領に白紙委任状を与えた。議会にかけなくても、大統領一人の判断で他国を攻撃できる権限を与えたのだ。これに対し、彼女は、この決議は憲法違反にあたり、議会の権限を放棄するものだ、と反対の声をあげた。

一人の人間の判断が狂うことは、ウクライナ侵攻を見ても明らかだ。意思決定というのは縦構造でトップの人間だけがするのではなく、なるべくフラットにすべきなのだ。ニューヨークのワールドトレードセンターが崩落、多くの人が犠牲になり、ペンタゴンも攻撃されたことの衝撃は、米国人にとって大きかっただろうが、政治家までもが冷静さを失い、ブッシュ大統領のいう「テロリストにつくのか、我々につくのか」という単純な二者択一に流されていいものだろうか。

愛国心に燃える米国民は、バーバラ・リーさんを非国民とののしり、命を狙う者も出てきて、厳重な警護が1年近くもついた。私たち女性有志は、彼女を日本に呼んで話を聞く機会をもちたかったのだが、1年近く待たなければならず、２００２年8月にやっと実現した。

来日したバーバラ・リーさんと握手する筆者
2002年8月2日

個人の意見を尊重する民主主義の国と思っていたアメリカで起きた、報復へとなだれを打つ群集心理や、議員の反対者が一人しかいなかったことにそら恐ろしさを感じていた私は、バーバラさんにたずねた。

「あなたは身の危険を犯してまで、たった一人でブッシュ大統領の報復戦争決議に反対した。その行動に勇気づけられたが、自由と民主主義の国アメリカでなぜ、あなたただ一人しか、420人分の1人しか、反対しなかったのか」と。

バーバラさんは答えた。「人は恐怖によって判断力を失うのです。それは議員も同じです。ただ、私のスタッフも支持者も大勢の人が私と意見を共有していました。私は一人ではなかったのです。だから、議会ではたった一人でしたが、怖くはなかったんですよ」

同じ考えを持ち支えてくれる人がいるのは、政治家にとって心強いことだ。実際、この頃、日本に来たアメリカ人の友人たちの話を聞くと、アメリカでもブッシュ大統領のやり方をいいと思う人ばかりではないということだった。

2003年3月、ブッシュ大統領はイラクに開戦した。米国があると主張した大量破壊兵器はなかった。そして、バグダッドの400万とも500万ともいわれた人たちが「人間の盾」とされ、犠牲になったのは知っての通りだ。大半は戦闘員ではない女性、子ども、高齢者だった。

国民の恐怖心を煽り、利用してはならない

ロシアのウクライナ侵攻後、台湾有事もありうると言われ、日本国民は防衛費の倍増をいとも簡単に了承した。自国は自分たちで守らなければという声の前に、誰も反対できないでいる。軍拡競争をしても平和は保てないと考える人も、北朝鮮からミサイルが飛んできたらどうするのか、米中がいがみあった際に戦場になるのは日本だと脅されると黙ってしまう。

これでは、ブッシュ大統領に白紙委任状を渡したアメリカと大差ないではないか。国民のまだ見ぬ恐怖を利用して、アメリカの言いなりになって防衛費を増やしているように見えるのは私だけか。

政治家たるもの、本来、国民の恐怖心を利用してはならないと肝に銘じるべきだろう。防衛費を増やすことが本当に抑止力になるのか、防衛のためにどういう予算を増やすのか、しっかりと開示して、国民が判断する材料を提供する義務がある。

そして、たとえ国民の過半が防衛費増に賛成だとしても、反対することに支持が得られないとしても、毅然として反対する政治家もまた、必要であろう。民主主義とは過半数を取ることではなく、少数者の意見を聞くことにあるからだ。

女性たちは男性優位の社会で、事実上、少数者の立場に置かれてきた。それゆえ、少数者の意見の貴重さが分かっている。多数派の意見がそのまま通ることほど怖いことはない。ましてや、人々の恐怖心を煽って政策や予算を決めるなど、あってはならないことなのだ。

第3章

地方で声をあげたキーパーソンと後に続く者たち

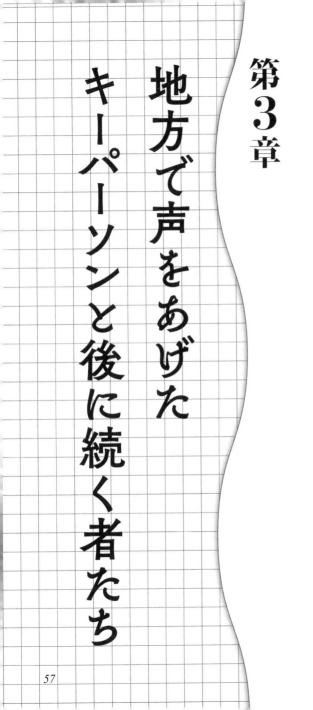

「女性のための政治スクール」がスタートした平成の初めと、令和の初めである今との最大の違いは、政治に対する人びとの期待感ではないか。スクールのスタート時は、昭和的な政治のあり方が大きく変わるのではないかというワクワク感が間違いなくあった。

日本新党の旗揚げに胸を震わせ

スクールが始まる前年の1992（平成4）年、細川護煕さんが日本新党を旗揚げし、政界流動化の兆しがほの見えていた。自民党では若手議員を中心に政治改革を求める声が強まっており、メディアでも政治改革に関する記事が増えていた。自民党政治は依然、盤石に見えたが、その一方で変化への胎動が生じ始めていた。

そんななか、岐阜県大垣市でクリニックを開いていた医師の小嶋昭次郎さんは、政治への思いを募らせていた。小嶋さんは医師として人を助けられる立場ではあったが、政治だとより多くの人を助けられる。政治こそが人として目指すものと考えていた。

とはいえ、医師は勉強して資格を取ればなることができるが、政治家は勉強したからといってなれるものではない。政党に入るにも、既存の政党は、自民党であれ社会党であれ、一緒に政治をしたいという存在ではなかった。

日本新党が旗揚げしたとき、小嶋さんは「自分が入りたい党、一緒に日本を変えたい党がやっと出た！」と感動に震えた。ある女性誌が日本新党の海江田万里衆議院議員を招いて名古屋で講演会を開くことを知り、抽選に当たるように何十枚も応募のはがきを書いたという。

抽選に当たって講演会に参加。海江田さんに政治家になりたいと相談すると、「円より子さんが『女性のための政治スクール』をやっているから、そこに入ったら」と言われた。

スクールに皆勤、衆院選に立候補

「女性のための……」に一瞬たじろいだ小嶋さんだったが、男性も入れる、年齢も問わないという言葉に励まされて応募し、スクールの2期・3期と、岐阜の大垣から通い続けた。医師をやりながら、しかも遠路はるばるの通学だったが、なんと〝皆勤賞〟。当時、スクールは月にほぼ2回、年に21回も開いていたので驚くほかない。

「他の講演やシンポにも行ったけど、円さんのスクールは本当に刺激的で面白かった。細川さんだけでなく、小沢一郎さん、羽田孜さん、米沢隆さんら、生の政治家に直接質問もできたから」

3期目の細川さんの講義の日、「次期衆院選の新進党公認になれそうだから、すぐ大垣にもどるように」と、地元から携帯に電話が入った。１９９６年4月だった。半年後の10月、自民、社会、新党さきがけ連立の橋本龍太郎政権のもと衆院選が行われる。小嶋さんは岐阜2区から新進党公認で立候補。私も大垣市まで応援に行った。

国政への初挑戦は、残念ながら落選。捲土重来を期したが、新進党は１９９７年末、解党してしまった。その後、小嶋さんは細川さんや私と共に民主党の結党に参加。２０００年衆院選に民主党公認で立候補する。だが、自民党王国とも言われる岐阜県のハードルは高く、健闘むなしく落選。それでも、夫婦でクリニックを営み、地元の名士でもある彼はめげることなく、その後も民主党の市議や県議を誕生させることに力を尽くす。

行政への不満を解消するために市議に

「女性のための政治スクール」には、地方から参加してくれる人も多い。地方にいるキーマンが、スクールに行って勉強するように女性たちに勧めてくれたのが大きかった。小嶋さんもキーマンの一人だ。

社会党の県議だった不破照子さんに、「もっと知識を得たいなら、女性スクールに行ったほうがいい」と勧めた。不破さんは小嶋さんの秘書の野村美穂さんと共にスクールに通うようになった。大垣市議候補にと考えた粥川加奈子さんにも、スクールの門を叩かせた。かくして、大垣市から4人が東京のスクールまで通うことになった。

粥川さんは現在、大垣市議として、野村さんも不破さんが引退した後の岐阜県議として活躍している。二人とも国民民主党の所属だ。小嶋さんを師と仰ぎ、「小嶋さんは私たちのお父さん、そのお父さんが尊敬する円さんは私たちのおばあちゃんです」と街頭演説で語る。

粥川さんのスクール歴は20年以上。市議に当選してからも通い続けている。地方ではめったに会えない講師の話が聞けるからだ。緒方貞子さん、世界銀行副総裁の西水美恵子さん、赤松良子さんなどの話はとても参考になったと言う。

同じような問題意識を持つ人たちと話すとモチベーションがあがるし、他のスクール生から学ぶことも多い。政治の場面では決断を迫られることが多いが、そういう時の参考になると言う。スクールのニュージーランドや韓国の研修旅行にも参加した。

政治とかかわるようになったきっかけは、夫の友人が市議選に出るので手伝ってくれと言われたことだった。ウグイス嬢として街頭でマイクを握るのは楽しかった。市長選も手伝い、女性の弁士が足りない時は応援演説もした。それが小嶋さんの目にとまった。女性市議が死去。その後継に、と声がかかった。

粥川さんの夫は、地域団体やNPO、PTAで活動をしていた粥川さんが、行政に言いたいことが山ほどあるのを知っていた。立候補について相談すると、「市議になって行政を変えればいいじゃないか」と逆に勧めてくれた。

その選挙では当選はかなわなかったものの、落選した翌日、地域の運動会に参加して走っていたら、体育連盟の会長が「ガッツのある女性やな。応援してやれば良かった」と、後援会長になってくれた。「女性のための政治スクール」に登録。毎月上京して、本気で勉学に励んだ。

そんなガッツと努力が実を結び、2007年統一地方選に民主党公認で立候補して当選。2023年統一地方選でも当選。現在5期目だ。

2人目を産んだばかりで立候補

野村美穂さんが県議選に出たのは、2人目の子を産んだばかりのときだった。小嶋さんは「こんな時にどうかな」と思いながらも、彼女しかないと自宅まで説得に行った。野村さんは、小嶋さんの選挙に手伝いに来たとき、そのガッツに感心し、秘書にした女性だ。「どうする」と尋ねる小嶋さんに、迷わず「立候補します」と言った。

「スクールで、円さんからなぜ政治の世界に女性が必要なのかの話を聞いた時、雷が落ちたような衝撃を受けたんです」。自分が出ようと決意する。

37歳、女性、市議経験なし。立候補をこころよく思わない人も多かった。でも、だからこそ、次女が生まれてすぐだろうが、絶対にやりたいと思ったという。「若い世代も女性も少ない政治にモヤモヤしていた。話を持ってきてくれた小嶋先生には、だからイエスと言ったんです」

長女は3歳。手のかかる年頃だったが、夫に相談すると、「子どものことであきらめるな。俺が主夫をやればいいんだろ」と言ってくれた。

現在、5期目。性暴力被害者支援センターを実現するなど、女性問題に積極的に取り組んできた。政策を提案して奔走し、いよいよ実現しそうだという瞬間のワクワク感がたまらないと言う。産後すぐ、初めての選挙に出た時のエネルギーを今も失わずにいる。

2023年県議選では、19歳になった長女が総決起集会の弁士をつとめ、街宣車にも乗った。初戦のとき2カ月だった次女は、16歳のため選挙応援ができずに悔しがったが、彼女の同級生たちが政治に関心を持ってくれてよかったと慰めた。母親の政治にかける思いが、娘たちに伝わっていく。

男性につぶされないよう秘密裏に準備

スクールには長野県や石川県、岩手県、福島県などからも元気な女性たちが大勢参加した。県庁所在地などはともかく地方の町や村となると、女性議員は今でも少ない。それでも女性議員の先駆けたらんと、東京まで時間をかけて勉強にやってきた。

長野県の北東部、新潟県との境に近い野沢温泉村で村議をつとめた岸竹代さんもその一人。彼女が58歳で初めて出馬した時のエピソードは、スクール生がみんなで腹を抱えて笑うほど楽しいものだった。

野沢菜やスキー場で知られる野沢温泉村は高齢化が進む一方。このままだと町の活気が失われるだけでなく、介護をする人もいなくなってしまう。とにかく若者に来てもらいたい。決め手は子育てのしやすい村にすることだ。でも、どうすればいいのか……

そのためには、行政に女性の視点が必要。村議会に女性がいないとダメ――。岸さんは友人たちと常々、そう言いあっていた。しかし、それまで村議選に立候補した女性はゼロ。女性が選挙に出るとなれば、男性たちにつぶされてしまうだろう。

立候補の意思を固めた岸さんは、口の堅い信頼できる仲間たちと秘密裏に準備を進めた。慎重がうえにも慎重に事を進めたが、票集めのため少しずつ周りに声をかけ始めたところ、告示の1週間前に漏れてしまう。「どうも、岸さんちの○○さんが村議選に出るらしいぞ」という噂が、村内を駆けめぐる。

「○○って、うちの亭主の名前なのよ。女房の方が出るなんて、男たちは想像もできなかったらしいのよ」と言う岸さんに、地方から来ていたスクール生の女性たちが「うちの町もそうだった」とうなずいた。告示日に立候補したのは、なんと「岸さんちの女房」。村の男性たちの多くがたまげたらしい。えらいのは夫だ。「あんた、出るのか」と聞かれて、否定しなかったという。

かくして岸さんは野沢温泉村で初の女性村議となり、長野県の仲間たちと、「女性のための政治スクール」に通うようになった。気持ちだけでは政治は動かない。政治のやり方を知るためには勉強が必要、というわけだ。志を同じくする仲間も必要だとの思いもあった。

女が女の力を信じることで

長野県からは岸さんの他にも多くの女性が「政治スクール」に通ってくれた。1期から参加したのは今井正子県議で、その後、次々と通う人たちが増えた。高島陽子県議、石川美和子上田市議、降旗幸子三郷村議、海野かをりさん、宮入千鶴子さんや、山崎たつえ松本市議。そして、岩波万佐巳、高木智子両諏訪市議、安曇野市議から2023年春、長野県議になった小林陽子さん。

彼女たち長野県の女性たちの政治志向は、樽川通子さんを抜きには語れない。

1929（昭和4）年生まれの樽川さんが、諏訪神社がある下諏訪町の町議になったのは1983年、54歳の時だ。その後、4期16年、町議を続け、副議長もつとめた。町議を退いた後は、田中康夫県知事時代に県の監査にも任命されている。

1983年といえば、それから6年後に社会党初の女性委員長になった土井たか子さんが、参院選で「マドンナブーム」と呼ばれる大旋風を巻き起こす〝前夜〟。国も地方も政治の世界に女性はまだ少なかった。

樽川さんは下諏訪町議をつとめただけでなく、「ネットワークしなの」をつくって長野県内に女性議員を増やす活動を続けた。2007年には長野県の女性議員比率が全国一位になった。

いつ会っても元気いっぱい、迫力がある樽川さんが、よく口にする言葉がある。

女が女を育て、女が女の力を信じなければ、政策決定の場に女性を参加させることはできない――。

そんな樽川さんの信念と存在が、長野県の女性たちを政治へと駆り立てる。先達が切り拓いてきた道のその先を、さらに切り拓こうという思いを胸に秘めて……。

長野県も岐阜県も女性議員を増やそうというキーパーソンがいた。キーパーソンの働きで女性議員が増えると、後に続く女性が必ず出てくる。そうして女性議員が身近な存在になると、一般の女性の選挙への関心が高まるし、立候補も「遠い世界」のことではなくなっていくのだ。

第4章

自分らしく生きる!・と政治の世界に

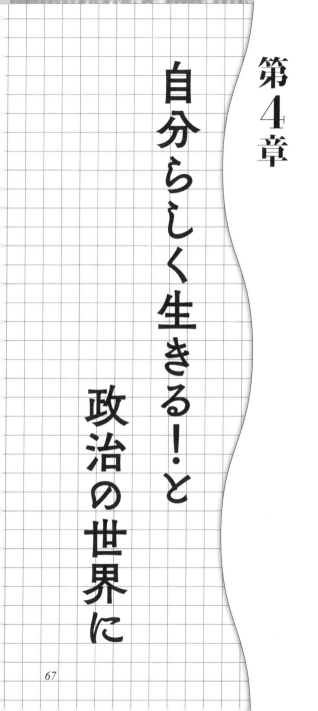

日本人女性の平均寿命は87・5歳。人によってライフサイクルは様々だが、一生ひとつの事だけをやって終わるには、あまりにも長い歳月である。

学校で基礎を学び、社会人になれば働いて生計を立て、子どもができれば子育てをする。やがて、子どもは巣立ち、勤め先を辞め、人生の風景が変わった後、何もしないで過ごすのはもったいないし、今のご時世、なかなかそれも許されない。

「女性のための政治スクール」の生徒たちには、人生のセカンドステージ、サードステージで議員に挑んだ人も少なくない。なぜ、彼らは政治の世界に進もうとしたのか。やむにやまれぬ思いをかき立てたものは何だったのか。

残りの人生を人のために使いたい

東京都杉並区議選に挑戦した押村貞子さんは1940(昭和15)年生まれ。戦中っ子である。家は造り酒屋で、父親は町議会議長や町長をやっていた。母親は家裁の調停委員で、両親二人ともいつも町の人たちの相談に走り回っていたという。

女子美術大学を出た後、結婚。二人の子どもが社会人になった頃、夫が長期休暇をとり、オーストラリアの高校で日本の文化や歴史を教え始める。彼女も信託銀行の勧誘員として働きながら、オーストラリアと日本を行ったり来たりしているうちに、残りの人生をもっと人の役に立つことに使いたいと思うようになった。

1990年代、日本では少子化が急速に進みはじめていた。これはいけない。カップルが働きながら楽しく子育てできる社会づくりに貢献したい。人のために走り回る父母のことを、ふと思い出した。

1992（平成4）年、細川護熙さんが日本新党を旗揚げした。質実剛健、凜とした生き方を見て、それこそ自分の求めているものだと感動。翌年スタートした「女性のための政治スクール」の門をたたいた。

1995年、杉並区議選に無所属で立候補。テニスやスキーなどサークルの仲間が集まってくれた。何より力強かったのは、「君が区議になれば、僕は秘書兼運転手をするよ」と夫が言ってくれたことだった。私も荻窪駅前で応援演説をした。事務所は駅前の自転車置き場の一角につくった。

杉並区議選に初めて無所属で立候補した押村貞子さん。仲間と一緒に

しかし、わずか12票差で落選。本人も友人もみな悔しがり、次は勝つぞ！と奮い立った。スクールに通いながら4年後に再挑戦。民主党の公認を受けて当選。59歳だった。

区議として2期8年、主に取り組んだのは高齢者の介護問題だ。姑を介護した経験から、介護を担う女性たちの負担を減らしたい、介護される高齢者側の心理的負担もなくしたい、という思いからだった。学校の空き教室をデイサービスに活用することを提案、6カ所で実現した。高齢者と子どもたちが触れ合う場にもなると好評だという。

区議になる前、サラリーマンや子育て中の女性の声が区政に届いていないとずっと感じていた。息子が幼かった頃、西武線の駅の南北の行き来が不便で、住人から駅の立体化の要望が出ていた。古参区議と商店街が反対で、「子どもをおぶってみんなで署名を集めたり、所沢の西武本社にまで行ったりしたのよ」と押村さん。

それから20年以上がたち、区議になった彼女が目にしたのは、区民の声が依然、届かない区政の実態だった。自分の持ち味はふつうのおばさん、お母さん。それをフルに発揮して、区民の声を聞こうと「エプロンの会」を立ち上げた。誰でも気軽に話せるおしゃべり会で、毎月30人くらいが集まり、そこでのおしゃべりを区の施策に活かした。

2期目の途中、夫が末期がんで入院。「一人で選挙は難しいかもな。もう次はやめたほうがいいよ」と言われた。

選挙事務所では、見知らぬ人が支持者だと言ってやってきては、「酒も食べ物も出さないのか」と怒鳴ったり、ボランティアで手伝いますと言った人が法外な金を要求したり、仲間うちで喧嘩があったり、候補者が街頭演説している間にありとあらゆることがあり、それをさばいてくれる人がいるといないではずいぶん違う。押村さんの場合は、夫がやってくれていた。

「テニス仲間や友達がずいぶん手伝ってくれて、それはありがたかったけど、やっぱり、選対の中に夫のような役割をしてくれる人って必要なのよね。夫がいてくれて、ほんとに助かった。私のやりたかった子育て支援や保育所が、区政でも目処がついたし、もういいかなと」

夫は帰らぬ人となり、押村さんは3期目には出なかった。

子育て終えたら、パートで議員

「女性のための政治スクール」に入ったとき押村さんは50代前半。押村さんだけでなく、スクールに来る人、立候補しようという女性には、40代後半から50代が少なくない。

私がつくったスクールのスローガンのひとつだ。議員に立候補するのに年齢の下限はあるが、上限はない。子育てを終えて50歳になったら、再就職先はないなどと諦めず、勉強して議員になればいいじゃない。そう女性たちを鼓舞するスローガンだった。

——子育て終えたら、パートで議員

藤田みちるさんが最初にスクールに来たのは51歳。子どもの手が離れ、日本新党10周年の2002年9月18日に開いたシンポジウムに、夫婦で参加したのがきっかけだった。シンポジウムのテーマは「歴史認識と、日本の国際社会での役割」。前日の17日には小泉純一郎総理と金正日北朝鮮総書記との会談があり、拉致された日本人のうち8人が死亡しているという衝撃的なニュースがもたらされていた。

日本新党のスタッフやボランティアの人たち100人近くが10年ぶりに集まり、昔の熱気が戻ったようで、10周年シンポもその後の懇親会も大盛況だった。その熱気にあてられた藤田さんは、私に誘われてスクールをのぞき、10期生となった。世界で初めて女性が参政権を得た国であるニュージーランドでの研修にも参加。スクールの事務局も手伝ってくれた。そして横浜市議会選挙に挑戦した。

自然保護と精神障害への理解促進を追求

小学校教師だった藤田さんは、夫が大阪から東京に転勤になり、教師を辞める。その後、３人の息子を育てながら、自宅のある横浜で三男の高校卒業までＰＴＡ活動を続けた。食の安全、農業にも関心を持ち、生活クラブの会員にもなっていた。

歩道で演説をする藤田みちるさん。隣は応援にきた筆者

スクールで多くの現職議員に会って刺激を受けたこともあるが、なにより彼女を横浜市議選に駆り立てたのは、横浜市の自然破壊を食い止めたいという思いだ。近くのホタルの里瀬上沢の自然破壊を、横浜市が平然とやるのが許せず、阻止運動に長年取り組んでいたが、成果をだせないでいた。

ライフワークともいうべきもう一つのテーマは、精神障害に対する社会の理解を促進することだ。優秀で将来を嘱望されていた息子が精神障害になったことを契機に、障害の当事者や家族たちと交流したり、グループホームをつくったりするようになった。行政との交渉が増えるなかで、身体の障害や知的障害に比べて精神障害への社会や行政の理解がまだまだ足りないと痛感させられたのだ。家族の代表として、行政を動かしたかった。

２００７年４月の統一地方選で横浜市議選に挑戦した。無所属で挑むが落選。２年後の補選にネットワーク横浜の公認で出たが、またもや落選。ところが、当選した市議が参院選に鞍替えし、２カ月後に再補選になる。ネットワーク運動で選挙を仕切ってきた瀬川淳子さん（現在、スクール事務局次長）が全面的に支援、神奈川の民主党が側面支援に入ったこともあり、ついに当選を勝ちとった。

２０１１年選挙は落選したが、その後もスクールの事務局長として後進の指導にあたるほか、精神障害者のグループホーム理事長、農業と食のＮＰＯのメンバーとして活動を続けた。２０１９年には、横浜市の自然保護、カジノ阻止を掲げて市議選に再び立候補。私もスクール生も応援に駆けつけたが、無所属が政党所属候補に勝つのは難しく、及ばなかった。

それでも元気を失わず、横浜市のカジノ誘致に反対し続け、住民投票署名では共同代表となって街頭で活動、マスコミ対応も引き受けた。法定数の３倍以上の署名を集め、現市長の選挙運動を支援し、市長交代につなげた。とにかく馬力のある人だ。

そんな彼女に、私は２０２３年の県議選に出たらと言ったが、結局、彼女は若い女性の応援にまわった。今後は一人の市民として、これまでの活動を続け、社会のために動くという。

「勝手にやらせてもらいます」と選挙に

現在三島市議4期目、副議長や総務委員長、議会運営委員長などを歴任した野村諒子さんが選挙に初当選したのは2011年統一地方選の時だ。子どもたちの学校のPTA活動やNPO活動にかかわり、障害者の芸術を通じての社会参加を促進するなど地域で積極的に活躍してきたが、政治はまったくの素人。「議員にはなったけれど、議員としての活動ってよくわからなかった」と言う。

女性議員を増やす会、なないろの風の会員たちと。左端が野村諒子さん

市議を4期つとめた女性から「私が引退した後、出ない？」と声をかけられた。はじめは関心を持てなかったが、事務局長をつとめていたNPOが3万人の利用者がいたのにもかかわらず、県の施設の運営からはずされたことで考えが変わった。地域の声・利用者の声を反映させるには、議会への働きかけ、政治への働きかけが必要だと思い知ったのだ。

夫は転勤族。専業主婦として各地を転々としたが、転居は三島市が最後に。その三島で60歳を前に転身を決意した。夫は選挙が大嫌いで、「勝手にどうぞ」と言ったので、「勝手にやらせてもらいます」と返した。

夫は猛烈な仕事人間で、家のことはまったくお構いなし。転勤に伴う引越し、子どもたちの転校手続きなどはすべて、野村さんが一人でやった。だから、選挙も一人でやる。ＮＰＯなどで働いていた分を貯金していたから、費用も夫からの支援はなくても出せる。

義理の叔父が県議を20数年、町長も経験し、野村さんの両親もその選挙を手伝っていたので、野村さんが立候補するというと駆けつけてくれた。義母も三島の知り合いを紹介してくれたという。

当選後、「女性のための政治スクール」に入校。毎月、東京まで通った。「講師の話はもちろん役に立った。なにより、スクール生の熱意に圧倒された。質問がすごい、刺激的だった」と言う。政治スクールは、立候補を目指す人だけでなく、議員になった後に通う人が多いから、質問が鋭い。講義終了後の懇親会も役に立つ。情報、知識、エネルギーをもらえたという。

２０２３年統一地方選でも再選、思いも新たに女性政策、子ども、高齢者政策、コロナで帰国できなくなった技能実習生への食料支援など、多岐に渡り活動する野村さん。自分らしく生きるため、政治を志すような女性たちを増やしていきたいと言う。

市役所で定年を迎え、市議に転身

母子家庭の一人娘だった岩波万佐巳さんは、東京の大学を卒業した後、故郷に帰り、市役所に勤務。「公務員って差別のない世界と思っていたら、昇給も昇進も男女で何もかも違う。研修会にも行かせてもらえない」と不満を抱えながらも、３年で離婚した夫との間に子どもがいたので仕事は辞められず、60歳の定年まで勤めた。

第3章で書いたように、長野からは「女性のための政治スクール」に多くの女性が参加していた。彼女たちからスクールについて聞いていた岩波さんは、「第2の人生」を政治に賭けてみようと考えた。とはいえ、まったく知らない世界。とにかくスクールに行こうと、諏訪から毎月、東京に通い始めた。

「新鮮な驚きがあったし、勉強にもなった」という。

「出前スクールを地方でやりたい」という私の提案に、岩波さんは「諏訪でやってください」と真っ先に手を挙げた。企画からすべてを岩波さんが担当。懇親会の席で選挙に出ると発表した。狙いは2019年統一地方選の諏訪市議選。準備を始めた。

「諏訪市には5つの地区があり、自分の住んでる地区には仁義を切ることが大事なんです」と岩波さん。何の基盤もなく、選挙のやり方も知らない者にとって、地区の協力は生命線。岩波さんはなんとか協力してもらえることになった。バレーボール仲間や息子の同級生のお母さんたちも助けてくれた。

はじめてマイクを握って話をしたときは、緊張で声が震えた。「手だけ振り、原稿を読んでいました」。それでも当選できたのは、第一に女性だったからという。かつては、離婚して一人などと言うと冷たい目で見られた土地柄だったが、女性議員を増やそうという空気が年々強くなっていた。長年、市の職員だったこともプ

地元（諏訪市中洲福島）敬老会の方々と懇談する岩波万佐巳さん（手前）
長野県諏訪市、2019年9月15日

ラスに働いたという。

議会では社会文教委員会に所属し、小中一貫校設立にもかかわった。少子化が進み、諏訪でも子どもが少しずつ減っているが、それだけに子どもたちの心を育む豊かな教育が必要だと考えている。築50年で痛みが目立つ小学校もきれいにしたい。やりたいことはまだまだ沢山ある。

人生は長い。波乱もある。難題に直面することも少なくない。無我夢中で生き抜いて、ホッとひと息ついた時、次に何をしようかと思った時、経験や知識を活用し、「自分らしさ」を活かすため、政治の世界に飛び込むのも悪くない。

「女性のための政治スクール」で、私はそんな女性たちに数多く出会ってきた。彼女たちに共通するのは、どこか吹っ切れたさわやかさだ。自分らしく生きることを求めた彼女たちがつくる政治は、後に続く人たちをつくるに違いない。

第5章

男女が対等に生きられる社会を目指して

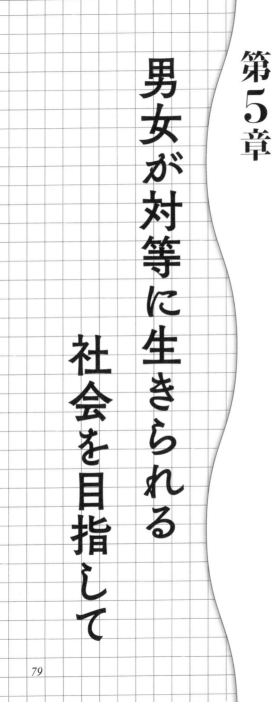

労働省婦人少年局長だった赤松良子さんが、大奮闘の末に男女雇用機会均等法を作り上げたのは、終戦から40年がたった1985（昭和60）年のことである。

女子差別撤廃条約を国連が採択したのは1979年。日本は翌1980年に署名したが、条約の批准には均等法の成立が必要だ。猛反対する経団連などの説得に必死だった赤松さんだが、女性たちからは「これなら、ない方がまし」と文句を言われるほど、妥協に妥協を重ね、赤松さん自身、あるべき姿と思い描いていたものとは違うという無念さがあったが、ともかくも成立にこぎつけた。

まずは法律をつくることが大切だ。不備があれば改正して、より良いものにすればいい。実際、採用・昇進等での男女の機会均等は当初、事業主の努力義務だったが、1997年の改正で男女の差別的な取り扱いは禁止されることになった。

島根県職員になって受けたショック

島根県の県議5期目の白石《はくいし》恵子さんが就職したのは、その均等法が成立するはるか前の1972（昭和47）年だ。

幼少期に両親が離婚し、母親に育てられた。母は手に職があるわけではなく、収入も少なかったから、彼女は大学には行けないと思っていた。早く就職して、母を助けたいと思い、中学3年の進学指導では、商業高校に行って技術を身につけたいと希望した。

ところが担任は、成績がいい彼女の将来を思い、「高卒で就職するにしても、進学校を出た方が有利だ」と説得。白石さんは松江市の進学校に進む。「全員、大学に行くのが当たり前って感じだったから」と、奨学金を得て公立大学に入学した。

「何があっても、一人で生涯、食べていけるような仕事に就く」と、公務員か教師を目指す。静岡県の中高一貫校の国語教師になり、1年後に母親を呼び寄せる段取りをしていたら、祖母が病気になり、母は島根を離れられなくなった。

母を助けようと、彼女も島根に戻ることにしたが、教職は簡単には見つからない。困っていたら、県職員を募集していることを知り、とりあえず臨時職員となった。仕事は庶務係。女性は一生、その係のままと聞いて、ショックを受けた。

集会で司会をする白石恵子さん

職員の給与と出張旅費の計算だけを、定年まで続けるってあり得ない！　憤慨した彼女は正職員にチャレンジ。願いをかなえる。

「なんとか正職員にはなれたけど、その時の募集だって、男子は１００名なのに、女子は若干名だったのよ」と振り返る。しかし、身分こそ正職員だが、庶務係のまま。必死で仕事に励み、勉強もして毎年、他の部署への異動願いを繰り返した。それでも10年間、異動させてはもらえなかった。

女性を自立させない仕組みを変える

結婚して子どもも生まれ、忙しい日々を送るうちに、なぜ女性は仕事を固定されるのかと、怒りがふつふつと湧いていた。組合に入り、女性部で「職域拡大運動」にのめりこむ。ようやく福祉部門に配属されることになり、DV被害や児童虐待問題に向き合う。

10年間の庶務係生活で、銀行の女性たちと仲良くなった。給与が現金払いで、しょっちゅう銀行に出かけていたからだ。窓口の女性が同じ銀行の男性と結婚すると、家から通えない支店に〝飛ばされた〟という話を何度も聞いた。つまり、辞めろということなのだ。

白石さんは、DVの被害者も自分も、そして銀行員も、みんな根っこに同じ構造があると気づく。女性を自立させようとしない仕組みにこそ、根源的な問題があるのだ。

ケースワーカーとして女性たちから相談を受け、島根県職員労働組合の副委員長として女性の地位向上に取り組んでいる頃、島根県でも女性県議を誕生させようという気運が盛り上がる。女性県議ゼロという不名誉な状況だったからだ。出てもらいたい女性を探し、説得を繰り返しても、出ていいという女性はいない。

回り回って白石さんに白羽の矢が立つ。彼女は断り続けた。女性が必要なのはわかる。でも、安定した職と収入を捨てる賭けはできなかった。折しも、松江市の女性職員の角ともこさんが立候補しそうだという話が伝わる。2人の女性が出ると選挙が盛り上がり、共に勝てると説得された。「議員になったらもっと解決できることが増えるのと違う？」という〝くどき文句〟が決め手になった。

女性を自立させない仕組みを変えようと立候補を決意。2007年統一地方選で角さんと共に初当選を果たした。島根県は女性県議ゼロから2人へと、名誉を挽回することができた。白石さんは2023年統一選でも当選。現在、5期目だ。

子育てしながら働ける環境をつくるために

角ともこさんの愛称は「トマちゃん」。名刺は真っ赤なトマトが半分以上を占め、もらうと絶対に忘れない優れものだ。

白石さんが県の臨時職員から正規職員になったのとは違い、大学を出るとすぐ、松江市に就職して正規職員として働き、順調に昇進した。勤続30年の時、市職員の先輩で市議を4期勤めた女性が参院選に挑戦するのを機に、その後継にという話が持ち込まれた。角さんの夫も市の職員。妻が市議で夫が市の管理職ではやりにくいこともあるだろうと断っていたら、ならば県議選に出てほしいという。

角さんの両親は公務員。角さんも妹も幼い頃から「手に職を持つように」と言われた。角さんは公務員に、妹は大学教

初当選で議員バッジをつけてもらう角ともこさん

当選以来、県庁前で議会報告を続けている白石恵子さん（右）と角ともこさん

員となった。市職員の夫と結婚し、働きながら3人の子どもを育てたが、当時は育児休業制度も学童保育もない。保育所の送り迎えは夫と分担するなど、2人で育児をしたが、仕事との両立はきつかったという。

東京の私の周りで、共働きしながら3人の子を育てたという人はあまりいない。一人っ子が目立ち、「本当はもう一人欲しかったのよ」と言う友人は少なくなかった。勤務先と家が遠い。夫は残業が多く、育児の担い手にはならない。地方から母親に来てもらい、子育てをずっと任せるしかなかった人もいる。

白石さんと角さんが、フルタイムで働き続けながら3人の子育てができたのは、島根の土地柄が影響しているようだ。自宅と勤務先が近いからこそ夫も一緒に子育てができたし、親が同居していたり近くに住んでいたりするので、親の支援も受けやすかった。

角さんは組合活動のなかで、育児休業の充実など女性が子育てしながら働ける環境の整備に力を入れてきた。市職員という安定した仕事を捨てて選挙に出ることに不安もあったが、「次の世代の女性たちのために道筋をつけなきゃ」との使命感から、「県議選に」という誘いを受けることにした。

家族には反対された。姑からは「本人は覚悟して出るからいいが、家族はどんなに大変か。議員の家族なんていつも見張られてるみたいで、のんびり暮らせなくなる」と言われた。家事、育児のすべて協力的だった夫も絶句した。ただ、彼女が決めた生き方を止めたくなかったのだろう。黙認した。

白石さんと同じく今、県議5期目。乳幼児の医療費の無料化や年齢引き上げなど、子育て支援だけでなく、女性支援でも成果をあげた。仕事は面白い。

「母は結婚、出産で公務員を辞めた。子育て後にやっぱり働きたくて応募したけど、臨時職員にしかなれず、月収もボーナスも正職員と全然違うと嘆いていた。その姿を見ていたから、絶対辞めないと思っていた」と角さん。なのに定年まで15年も残して辞めてしまった。だが、公務員のままだったら、定年の60歳を越えても毎日がやりがいのある仕事に邁進できて、人の役に立ってはいなかっただろう。職を辞した決断を後悔はしていない。

島根県議同士の白石さんと話すのは、もっと女性を増やして島根を良くしていきたいということ。共に「女性のための政治スクール」の常連で、女性が自立するために、男性と同じ条件で働ける社会を目指し、持ち前のファイトをたぎらせている。

とにかく早く選択的夫婦別姓を

白石さんが大学を卒業した1970年代から10年後の1980年代後半に大学を出た女性たちも、男女雇用機会均等法が1985年に成立したにもかかわらず、昇進や昇給で男女の差が広がる現実に直面した。不満とモヤモヤ感を抱きながら働き続けるのか、馬鹿らしくて妊娠出産で仕事を辞めるか。

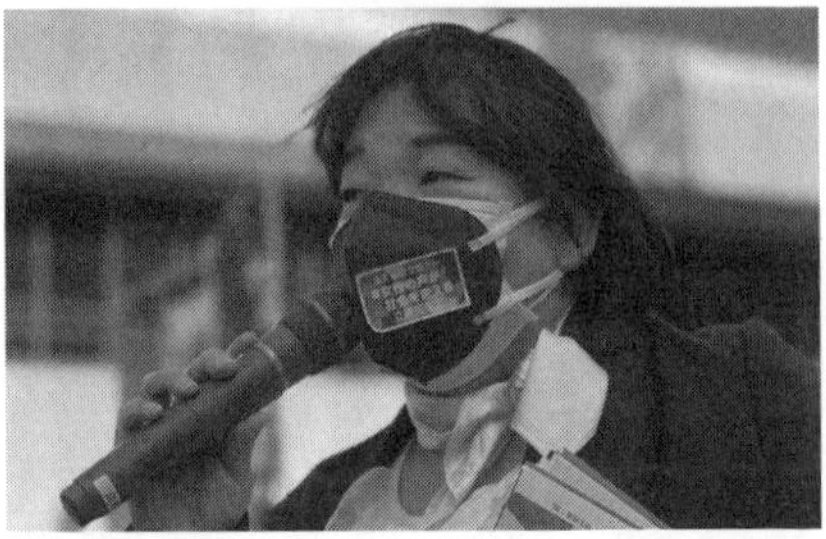

国際女性デーによせてジェンダー平等を訴える民部佳代さん

女性たちにとって、そんな状況が続いていたのだ。

埼玉県ふじみ野市議の民部佳代さんもそうだった。岡山県の大学を出た彼女はいわゆる「リケジョ」（理系女子）。経済的に自立できるキャリアを故郷の岡山で築くのは無理と考え、親を説得して東京の大手電機企業に就職し、15年勤めた。

女は大学に行かないほうがいいという土地柄。家に経済的な余裕もなく、「自宅から通える公立大学なら……」とやっと大学に進学をさせてくれた親が、就職のためによくぞ東京に行かせてくれたと思う。母親の力が大きかった。

「自分の人生を生きられなかったという思いが強い母は、私が幼い頃から、『必ず仕事はもっていなさい』と言い、私の東京行きも後押ししてくれた」

民部さんの母親は、赤松良子・元文部大臣らの少し下の世代かもしれない。女性であるがゆえに思うように生きられなかった経験から、娘には思うように生きてもらいたいと、背中を押したのだろう。

だが、現実は厳しかった。「均等法後の世代で総合職でした。1989年に就職し、バリバリ働いていたのに、10年経つと昇給でも昇進でも男性とどんどん差がつく。何だ、こりゃと……」

企業での自分の将来に見切りをつけ、女性たちに厳しい環境を政治の力で変えようと2001年、

「女性のための政治スクール」に参加。同じ思いを抱く女性たちと出会った。次々と政治の世界に飛び込んでいくスクール生の姿に刺激を受け、住んでいた埼玉県大井町の町議選に立候補し、当選した。

大井町議1期目に合併があり、ふじみ野市議となった民部さんだが、２００７年に民主党から声をかけられ、県議選に出て落選。２０１１年にふじみ野市議に返り咲き、現在5期目だ。ＤＶ相談や保育園の休日保育、ＬＧＢＴＱのパートナーシップ制度の導入などを実現させた。

実は最初の選挙の時、妊娠4カ月だったが、立候補を取りやめる気はさらさらなかった。事実婚を実践する彼女は、娘を胎児認知という方法で夫の戸籍に入れたという。今は公言するこの事実を、議員になってからもしばらく公言できなかったという。

「経験を積み、力を得たことで言えるようになった」と言う民部さん。選択的夫婦別姓の一日も早い実現を切望している。

差別への怒りがふつふつと湧いて

２００６年から和歌山県議6期をつとめる藤本眞利子さんも、民部さん同様、「女は仕事をしていかないかん」と口癖のように言っていた母親に背中を押され、自立した女性を目指した。

大学卒業後、小学校の教師になった。部落差別が色濃く残っている地域で、学校には部落といわれる地域に住む子どもたちがいた。差別の実態を知った彼女の心に怒りがふつふつと湧いた。同和教育や人権教育に取り組み、教師歴が20年になった時、市議選に出ないかと誘われた。県職員の夫は「や

甲子園で和歌山市立高校の応援をする藤本眞利子さん

りたいようにやりなさい」と言ってくれた。母は「決めたのならしょうがない」。子どもは中学3年生で高校受験の直前。「お互いがんばろう」と誓った。

日教組と部落解放同盟の支部、地元自治会の支援を受けて当選。市議２期目と途中だった２００６年に県議会の補欠選挙に立候補して当選した。

「女性ということで損をしたことはない」と言い切る。「女性やから頑張って！」と応援してくれる人が多かったという。初めての市議選も「安定した仕事を辞めて出馬するなんてすごい。彼女を落としたらあかん」と、周りが頑張ってくれた。男性政治家がほとんどの和歌山では、女性というだけで覚えてもらえるという利点もあったという。

「差別のない社会をつくりたい、公教育をよくしたいという強い意志や思いがあれば、お金なんかなくてもやれる。コツコツ一軒一軒まわって支持を得てきた。お金はいらんけど体力はいるなあ」と笑う。

児童虐待防止条例の制定に尽力し、障害者雇用にも実績を残す。「女性のための政治スクール」には、関西空港から朝一番の飛行機で上京して参加。和歌山の女性議員を増やそうと奮闘中だ。

男女共同参画社会を根付かせるために

２００３年に我孫子市議になった海津にいなさんの理想は、男女が対等に生きられる社会だ。もともと国際交流活動に携わっていて、世界中に多くの友人・知人がいた。活動の幅を広げようと「女性のための政治スクール」に通ったが、議員になっていくスクール生を見て、自分も、と決意する。

だが、我孫子市の女性市議が引退することになり、後継にと打診があった時は迷った。理由はお金だ。幅広く活動をしていたが、経済的にはほぼ専業主婦。夫は反対。供託金の30万円は主婦にとっては大金だ。

だが、50歳になり、子どもたちも成人した。落選しても〝へそくり〟の30万円がなくなるだけと腹をくくった。男女共同参画社会の推進を掲げる堂本暁子さんが、２００１年に千葉県初の女性知事になり、政治への関心も高まっていた。立候補を決意した彼女に、夫も「そこまで言うなら」と手伝ってくれた。初挑戦で見事に当選。

東日本大震災の年の２０１１年統一地方選、３期目を迎える直前、党勢拡大のため全国で候補者を探していたみんなの党に声をかけられ、千葉県議選に挑戦することになった。決め手はやはり

自転車専用列車BBBase（房総バイシクルベースの略）を運行するなど、市民ボランティアと観光地つくりに取り組んだ海津にいなさん

堂本知事だった。

堂本知事は、性差の医療（性差の違いを明確にしたうえで、研究データに基づく医療が必要だという考え方）や環境問題などの課題に取り組み、海津さんのやりたい方向と一致していた。しかし、2000年代以降、安倍晋三さんや山谷えり子さんらの国会議員や日本会議のメンバーによるジェンダーフリーへの強烈なバッシングのなか、堂本知事への風当たりも強まっていた。県議になって知事を支えたいと思った。

「大震災の直後で、それはきつかった。若いウグイスの女性を外に立たせると、外気を浴びさせてどうなると思うんだ、と怒られる。旗を4～5本立てても非難され、1本にしろといわれる。大勢の人が震災で亡くなられ、原発事故も収束していない中ではしかたがないとはいえ、選挙になりませんでした」

県議選は落選、4年のブランクを経て2015年11月、我孫子市議に返り咲いた海津さんは、副議長もつとめて現在4期目。

2歳違いの弟がいた彼女だが、子どもの頃から「女の子は早く結婚を」と言われて育った。留学したかったが、言い出せる雰囲気ではなかったという。男女の育てられ方に大きな隔りがあることを感じて育ってきたからこそ、男女が対等に生きられる社会を強く願う。

「女性の視点で、まちづくりも教育も何が必要か考えて活動しています」という海津さん。政治家としてやるべきことはまだまだある。

しゃべりにしゃべって当選、DV対策に傾注

２００３年4月の統一地方選で鳥取県議になった浜田妙子さんは初当選からしばらく、質問の機会があれば、毎回のようにＤＶの質問をしたという。２００1年、日本では「ＤＶ防止法」（配偶者からの暴力の防止及び被害者の保護に関する法律）が超党派の女性議員による議員立法で成立、施行された。

浜田さんの質問もあって、鳥取県ではＤＶ関係の予算が増え、あっという間に日本一に。「夫の暴力から逃げるなら、鳥取へ」と言われるまでになった。時の知事は片山善博さん。「現場の声を聞かせてください」と言ってくれて、仕事がとてもやりやすかったそうだ。

浜田さんは島根県の生まれ。山陰放送にアナウンサーとして入社した。この会社は島根と鳥取を対象地域とし、米子に本社がある。52歳まで働いたが、臨床心理士になりたくて島根大学に入学する。

放送局では様々な社会問題を取り上げ、島根いのちの電話も設立、発泡スチロールトレイや古紙の回収運動にも取り組んだ。それなりにやりがいのある仕事ではあったが、放送はしょせん一時的、最後までやり抜くという仕事ではないという疑問が湧いた。困難を乗り越えられない人の力になる仕事をしたいと思うようになり、臨床心理士を目指したのだ。

修士論文を出せば大学院修士課程を修了できるという時、民主党から県議選に出ないかと声をかけられた。「人間関係も大事だけど、社会を変えるのも必要よ」と周りの女性たちからも口説かれた。

とはいえ、選挙の「せ」の字も知らないし、お金もない。迷っていると、シェルターで一緒にDVの相談をしていた仲間から、「立候補したら、マイク持って好きなこと言える。みんなで言いたいこと言いましょうよ。当選はできない。でも、出ることで、必ず次の女性たちに繋がるし、役立つと思う」と言われた。

立候補を決意して、修士論文を書き上げ、選挙モードに切り替えたのが2月末。選挙まで2カ月もない。公選はがきは出さない、人は雇わないと決め、シェルターの仲間5人と朝晩街宣車で米子駅に行って演説。その後は、お花見をしてるからあそこへ、スーパーで大売り出しをしているのであそこへ、という具合に、町中を駆け回った。

「女たちの暮らしやすい町、社会を」「女性たちへの暴力反対」「戦争反対」と、しゃべりにしゃべった。アナウンサーだったので人前で話すのは得意だし、知名度もあった。大学・大学院での若い学生たちも応援に駆けつけてくれた。

それから20年。2023年統一地方選でも当選を果たし、今や6期目の大ベテランだ。女性の後継者を早く見つけることが課題だと言いつつ、女性が安心して自分らしく生きられる社会を目指して走り続けている。

第6章

ジェンダーバッシングに負けずに

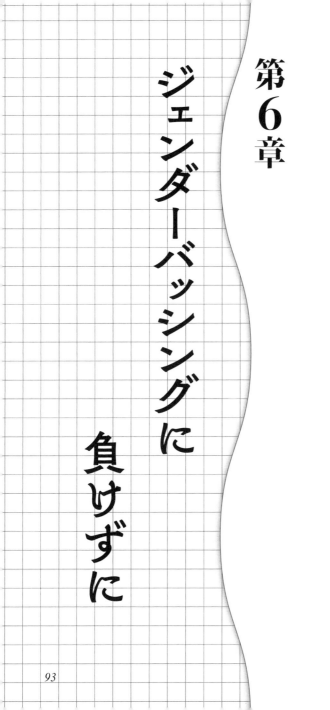

厚生労働省所管の財団法人母子衛生研究会が作成し、2001（平成13）年に発行された『思春期のためのラブ&ボディBOOK』という本がある。体と心が変化する思春期の悩みを、男の子、女の子それぞれに分かりやすく解説した、中学生が正しい性知識を学ぶためのハンドブックだ。

「思春期のためのラブ&ボディBOOK」

この本に、自民党保守派の安倍晋三、山谷えり子の両国会議員が、内容に問題があるとかみ付いた。国会でも議論になり、2002年に絶版、回収に追い込まれた。

2003年には、東京都日野市の東京都立七生養護学校（現在の東京都立七生特別支援学校）で行われていた性教育の内容に不適切な点があると都議会が問題視し、校長や教職員が厳重注意処分にあうという事件が起きる。当時、石原慎太郎都知事が「女性が生殖能力を失っても生きているっていうのは無駄で罪」と発言して、女性たちの怒りをかったが、この頃、都道府県の教育委員会では、ジェンダーフリーという言葉を使わないよう県立学校に通知するなど、自民党の安倍・山谷両氏の意見に従うところが多かった。

ジェンダーバッシングが広がった2000年代

平成になってしばらく、1990年代は女性やジェンダーをめぐる状況が改善の兆しが見え、19

99年には男女共同参画社会基本法が成立した。ところがその反動か、2000年代以降、ジェンダーバッシング、バックラッシュが日本に広がった。

『思春期のためのラブ&ボディBOOK』は中身を読むと過激でもなんでもなく、思春期の子どもたちだけでなく、大人の女性や男性にとっても分かりやすい良い本だった。性交渉における同意の大切さ、痴漢は明らかに犯罪であり、女性だけでなく男性も被害者になること、身近な相手から性被害を受けるリスクがあるなど、当時としては画期的な内容が盛り込まれたことが、保守勢力に目をつけられたようだ。

それにしても、安倍、山谷両氏の信じられないほど過激な曲解やバッシングの背後には、一体何があったのだろうか。

政治家の非科学的な曲解に憤って

『思春期のためのラブ&ボディBOOK』の作成に関わった産婦人科医の早乙女智子さんは、同書が絶版に追い込まれるにいたった政治家の非科学的な曲解による介入を苦々しく思っていた。そして、女性の体に優しい低用量ピルがなぜ認可されないのかなど、女性の性をめぐる問題を改善していくには、専門的な知識をもった人たちが、しっかり声をあげていかなければと考えていた。

平気でウソをつける政治家に対抗したいと、同じ産婦人科医の堀口雅子さんを初代会長に、科学的根拠にもとづいた情報を発信する組織として「性と健康を考える女性専門家の会」を立ち上げたのは

都議選で着物姿で街宣活動をする早乙女智子さん　2021年

１９９７年だ。当時、新進党にいた私もこの会に入り、低用量ピルを認可するよう、小泉純一郎、宮下創平両厚生大臣に陳情した。大臣室で小泉さんが「認可してないのは我が国と北朝鮮だけ？　それってまずいよなあ」と感想を漏らしたのを覚えている。

低用量ピルは１９９９年に認可されたが、早乙女さんには女性たちをめぐる状況はちっとも変わらないように見えた。ＤＶ（配偶者暴力）を受けて望まぬ妊娠をした女性や、生活保護を受けて経済的に余裕がない女性の話を聞くにつけ、中絶手術や避妊に国の補助があれば救われる人が少なくないのに、と思ったという。緊急避妊薬がコンビニなどで手に入れることができない。緊急なのに医師の処方が必要というのは、あまりにもちぐはぐだ。疑問は募るばかりだった。

「性と健康を考える女性専門家の会」での活動や、現場での医療経験を重ねるうちに、早乙女さんは一般人の悩みを吸いあげられる医師になりたい、医療と福祉のはざまにある問題を解決したいと感じるようになった。それが「政治」へとつながる。

２０１５年、赤松良子・元文科相が主催する「赤松政経塾」に、２０１９年に私の「女性のための政治スクール」に入校し、２０２０年夏の都議選に無所属で出馬した。選挙区は新宿区。長年、同区の病院に勤務をした関係で知りあいも多い。政治スクール生や私、赤松政経塾の仲間がボランティアで選挙を手伝った。着物姿で訴えるなどユニークな選挙戦を展開したが、惜しくも落選。

しかし、「手作り選挙は面白かった！　素晴らしい経験だった」と意気軒昂。縁遠いと思っていた政治が手の届く世界に感じるようになった。2023年統一地方選で自宅がある神奈川県議選に二人区の磯子区で無所属で立候補すると決め、産婦人科医として働きながら、準備にいそしんだ。

都議選では2カ月ほどしかなかったが、神奈川県議選は1年半くらいの余裕があった。磯子区にある6つの駅を回り、朝と夕方、「おはようございます」「お帰りなさい」と挨拶。息子が改造したショッピングカートにジェンダー研究会の旗を立て、「人も町も健康にしたい」と訴えた。事務所も借りて、子育て中の母親や助産師さんたちと交流した。

だが、無所属の早乙女さんに、政党をバックにした現職2人の壁は厚かった。しかし、彼女は政治をあきらめてはいない。緊急避妊薬一つとっても、政府は女性の気持ち、立場を全く理解していないと怒り、ジェンダー平等を実現するために、政治への挑戦は続ける覚悟だ。

「出産議員ネットワーク」を結成

政治の道を志すと、女性だからという理由で苦労をしたり、バッシングをされたりすることが少なくない。

2003年、永野裕子さんは民主党公認で東京都豊島区議に30歳で初当選した。豊島区の歴代最年

筆者の応援に駆けつけてくれた
永野裕子さん（左）　2019年7月

少だった。小学校2年生の時、「広島のピカ」をテーマにした作文で「平和な世の中のために政治家になる」と書いていた。選挙に声がかかった時はずいぶん迷ったが、この作文を思いだして一歩を踏み出したという。

5年後、2期目のときに35歳で出産。3期目の選挙は第2子の出産後で、2歳の長男と乳飲み子の長女を抱えていた。「大げさではなく、死ぬ思いでした」と言う。実家の母がウィークリーマンションに泊って子どもの世話をしてくれたが、母だけに任せるわけにいかない。選挙運動の合間をみて、子どもの面倒をみた。夫にも助けられた。永野さんの夫は渋谷区議で、やはり選挙だった。それでも夕方5時に遊説をやめ、2人の子どもを風呂に入れてくれたという。

幼い子どもがいると選挙はほんとうにきついが、議会活動でも、子どもがいることがハンディになることがある。

２０１７年、熊本市議が生後7カ月の長男を連れて議席に座り、議長らと押し問答になって、本会議の開始が約40分遅れたという出来事があった。「子連れで議場に来るのはよくない」という意見が目立ったが、それだと女性が政治家になるハードルは高くなるばかりだ。

世界に目を向ければ、議場への乳児の同伴は、ニュージーランド、オーストラリア、カナダ、ＥＵ

議会などで認められている。本会議で質問する議員の赤ちゃんを、議長が抱っこしてあやしている写真を、ニュージーランド大使館の人から見せてもらった時は、彼我の違いに悲しい気分になったものだ。

子どもはいつ泣き声をあげるか、走りまわったりするかが分からない。場合によっては、議場の進行が妨げられるかもしれない。それゆえ、子連れを忌避するのだろうが、かつては学校の教師も子連れで教えることがあった。だが高度成長期以降、経済優先の風潮が強まるにつれ、職場に子どもを連れていくという風景がなくなってしまった。

現在、有権者に占める女性の割合は約52％。地方議会議員に占める女性の割合は、特別区で30・2％、都道府県で11・6％、市議会16・2％、町村議会で11・3％に過ぎない。また、女性議員が1人もいない地方議会は、市議会で29、町村議会では269もある。これも、子どもの問題が影響しているのではないか。

内閣府は2020年、第5次男女共同参画基本計画で、政治分野における女性の参画拡大に向けて、「すべての市区町村議会において出産が欠席事由として明文化されるよう」要請した。裏を返せば、驚くべきことに、欠席事由として出産は想定されていなかったのだ。

2000年に参議院議員の橋本聖子さんが妊娠を公表した際、参議院規則には国会の欠席理由として「公務・疾病」などしかなく、橋本さんの欠席が「事故」として扱われそうになった。その後、欠席理由に「出産」が加えられ、衆議院でも規則が改正された。地方議会でも改正が進んでいるが、いまだに出産を「事故」として扱っている議会も残り、産休を認めているのも全体の1割にとどまる。

選挙や議会活動のなかで、女性議員のこうした苦境を目の当たりにした永野さんは、出産を経験した女性議員たちとともに2017年、どんな立場にあっても安心して妊娠・出産できる社会の実現を目的に、「出産議員ネットワーク・子育て議員連盟」を結成。2021年に、地方自治体の議会、首長、市民などによる地域の民主主義向上に資する優れた取り組みを表彰する「マニフェスト大賞」を受賞した。現在、全国の自治体議員250人が参加している。

永野さんが住む豊島区は、2040年までに若年女性数が50・8%減って2万4666人になると推計され、東京23区の中で唯一、消滅可能性都市として名前があがった。ショックを受けた区は女性の視点に立って様々な施策を実行、2020年には人口が約3000人増えた。

2023年春、区議として6期目を迎えるはずだった永野さんは、前区長の引退を受けて区長選に挑戦した。20年間、区議として活動してきて豊島区の隅々まで知悉しているし、区民の声も聞いて何が課題か自分が一番わかっているという自負があった。豊島区を、女性や子ども、高齢者の暮らしやすい地域にする自信もあった。

しかし、前区長が副区長を後継指名して亡くなり、永野さんは及ばなかった。今は日本維新の会の衆院選予定候補として、東京10区を駆け回っている。

「物言う女性はたたかれる。でも、社会を変えたい」

厚木市議の名切文梨さんが初当選したのは、第３子の出産から一カ月後だった。「ええ、いろんなことを言われました。あの人、市議になったらすぐ産休をとるんじゃないとか、そんな人を議員にしていいのとか」

始まりは、藤沢市から厚木市に引越した後の小学生の娘２人の「給食が不味くて食べられない」というひと言だった。藤沢市では校内で作っていた給食が、厚木では給食センターから運ばれてくる。藤沢市のように、校内で作れないかと市に相談に行ったが、「承りました」と言われるだけで、のれんに腕押し。ＰＴＡを動かすしかないと考えた名切さんは、その旗振り役となったが、突然、市議選に出てほしいとの話が舞い込んだ。夫と民主党の県議が知りあいだった縁からだ。

当選して達磨に目を入れた名切文梨さん
2015年7月

当時、彼女は妊娠していた。厚木市の選挙は２００７年６月で、出産予定日は５月。「立候補するにしても４年後」と言ったら、娘たちが「えっ！」と声をあげた。「４年後だったら、自分たちはもう小学校を卒業してしまう」。夫も、なんとかなるさ、頑張れと言う。出ると決めた。

選挙活動をしていると、お腹の子が降りてくるのがわかる。臨月が近くなると、お腹の子は降りてくるのだ。「まだ、生まれないでね」とお腹の子に声をかけながら活動していたが、ある日、二連ポスターを貼ろうとした時に破水。病院へ駆けつけて出産。予定どおりの5月だった。1カ月後、選挙が告示。

選挙期間の1週間、名切さんは、破水したことも、生まれたばかりの子どもがいることも一切口にしなかった。当選して議員生活が始まっても、産休はとれない。「子どものことばかりやってる」と言われかねないからだ。実現したい政策をどうやって通すか。もっと勉強しなければと、すぐに「女性のための政治スクール」に通い始めた。

育休を取った官僚の山田正人さんの話や、勝間和代さんのSNSの話など、「先をみる人の話はとてもおもしろくて有意義。スクールに通って本当に参考になった」と言う。女性議員からの嫌がらせまであり、不都合なことは隠そうとする市議会や行政など、いらだつことも多いが、負けてはいない。「物言う女性はたたかれるんですよね。でも、めげずにそういう社会を変えていきたいんです」

パートナーシップ証明書第1号で参院選出馬

2015年11月、東京都渋谷区は全国に先駆けて「渋谷区パートナーシップ証明」をスタートさせた。

わが国では、同性同士の婚姻が法的に認められていない。そのため、公営住宅に家族として入居できなかったり、病院で家族と認められなかったり、多くの不利益がある。そこで渋谷区は、パートナーシップ制度によって結婚に相当する関係として認めるという条例を制定した。その証明書を受けとった最初のカップルの一人が増原裕子さんだ。

　増原さんはすでにパートナーと「東京ディズニーシー」で結婚式を挙げていた。日本のディズニーリゾートで同性挙式をした最初のカップルである。ただ、運営するオリエンタルランドからは「どちらかがタキシードを着て、異性のカップルに見えるようにしてくれればＯＫです」といわれ、「ハァー」と思ったという。

　慶応の大学院を出た後、フランスに留学した彼女は、スイスの外務省ジュネーブ公館に在外公館派遣員として勤務。帰国後、経営コンサルタントとして、会社を経営する傍ら、ＬＧＢＴに対する差別禁止法制定を目指す「ＬＧＢＴ法連合会」の事務局に入った。国会でロビー活動をするなかで、手段として使うために政治をもっと勉強したいと、「女性のための政治スクール」に通うようになった。

　２０１９年参院選に向け、立憲民主党が専門分野で活躍する人を候補者として募集していると知って手を挙げた。全国的に活動していたので比例区からの立候補を希望したが、京都府選挙区で立候補することになった。

　選挙では、自らの経験も踏まえ、多様性を認め合う社会をめざすと訴えた。国民民主党も増原さんの支援にまわり激戦となったが、

明石市の職員として、小学生への出前講座で話す増原裕子さん

あと一歩及ばず、自民、共産の候補者が当選した。初めての選挙。京都府全域を回るとクタクタだった。選挙はやりがいもあるけど、厳しいと実感した。「労働組合とのつきあいとかで、あちこち挨拶にいかなきゃいけないのは大変」「もう国政はいいかな。別の形で、多様性を認める社会づくりに切りこみたい」と言う。

その年の終わり、兵庫県明石市が「性の多様性を認める専門部署」をつくり、専門職員を募集していることを知り、すぐに応募。2020年4月から専門職として勤務する。パートナーシップ制度を創設したほか、学校での教職員への研修、子どもたちへの出前講座、啓発・相談にも取り組む。「自治体レベルでのバックラッシュももちろんあるが、自治体でやれることを積み重ねていくことに手応えを感じている」と言う。

バックラッシュ、ジェンダーバッシング、LGBTQへの無理解。それでもめげることなく、自らの主張や立場をつらぬく女性たち。強い問題意識と行動力が保守的な女性観を突き崩し、真の意味で女性が活躍できる日本を切り拓いていくと信じている。

第7章

人生の「小休止」から政治家に転身

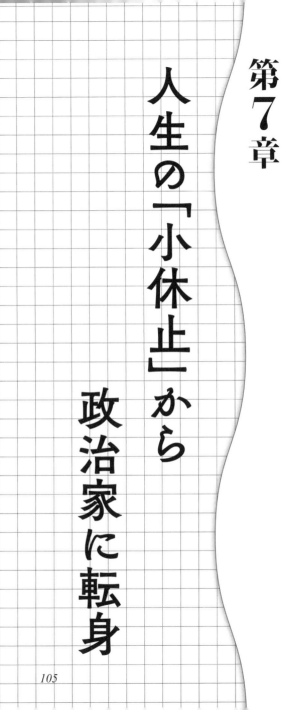

1995（平成7）年に鹿児島県加世田市（後に合併し南さつま市）の市議選に立候補して当選した平神純子さんと知り合ったのは翌1996年の夏のことだ。4期目に入った「女性のための政治スクール」に鹿児島から参加したのがきっかけだった。

30代の大学生、卒業後の進路で市議を選ぶ

初当選してすぐ、「鹿児島の女性議員を100人にする会」を立ち上げるなど、目立つ存在だった平神さんが市議に挑戦したのは大学生の時だった。といっても20代ではない。5歳と2歳の子どもがいる30代。社会人入試で大学生になっていたのだ。

高校で看護の教師をしていたが、どこか飽き足らず、社会福祉や政治についてもっと勉強するために大学に入った。心配は卒業した後のことだった。いったん辞めると、教師に戻るのは至難の業。さて、どうするか。

考えた末に出した結論は、政治家になる、だった。社会福祉や政治について知るにつけ、現実に合った政策をつくるには、女性の目が必要だと痛感していた。ならば、まずは自分から。2年後の春の統一地方選で加世田市議選に出ると決意する。

知名度も地盤も、もちろん資金もない。できるだけ多くの人に会うしかないと思い定めた。若い学生たちを巻き込んで後援会を作り、次から次に人と会った。加世田の町の住みやすさは？　子育てはしやすい？　看護や介護が必要な時はどうする？　議員って勉強してないと思わない？　なぜ投票率

が低いと思う？――

2年間で2000人に会った。

いよいよ選挙という段になって、妊娠が分かる。選挙時は臨月だ。しかし、2年かけて2000人に会った地道な努力は無にできない。「君のような人が出るべきだ」という夫の応援もあり、見事に当選した。「臨月で選挙」と新聞に載ったのがプラスだったと彼女は笑うが、妊娠の計画もできない人に市政は任せられないと非難した女性もいたそうだ。

市町村合併の影響もあり、平神さんはその後、2度落選した。看護師として働きながら他日を期し、2013年に復活した。

選挙カーの前で手を振る平神純子さん

看護師としても市議としても、「命を守ることが自らの使命」と考えて活動してきた平神さんの次なる使命は、鹿児島の女性議員を増やすことだ。2023年春の統一地方選で鹿児島県内の女性議員（県議・市町村議）は89人と、選挙前の78人から増えた。大崎町議選では28歳の女性候補がトップ当選するなど、若い女性の挑戦も目立つ。「鹿児島の女性議員を100人にする会」が目標にする100人まであと少しだ。

無料の英語教室から始めて

現在4期目の東京都中央区区議・青木かのさんが区議選に初めて挑んだのは、東日本大震災の余波が残る2011年4月だった。

福島の放送局でアナウンサーをしていた青木さんは夫の転勤で沖縄へ。1歳の娘がいたが、アナウンサーの仕事を続けたいと放送局のオーディションを受けると合格。明日からでも来てほしいと言われて、子どもをどうしようと悩んでいると、紹介された近くの保育園にすぐ入ることができた。「沖縄って、子育てにサイコー」と思った。

再び、夫の転勤で今度は東京へ。もんじゃ焼きで知られる中央区・月島に暮らすことになる。放送局では働けず、フリーのアナウンサーをしながら、通訳学校に通っていた。ある時、娘を近くの公立中学に行かせると言うと、親しかったママ友たちから、「親の義務を放棄している」と非難される。私学に行かせないと子どもは不幸。公立なんてダメよ、と言うのだ。

その人たちの考えを否定はしない。子どもたちは出来るだけいい学校に行かせて、いい人生を送らせたいという親心はわかる。ただ、その一方で、そういう親たちの考えが教育格差を生んでいるのではないかと感じた。

レギュラーの仕事はないので、時間はあった。教育について勉強するうちに、政治で対応しなければならない問題だと思い至る。「女性のための政治スクール」に通うようになり、自分と同じふつうの主婦たちが政治の世界に飛び込んでいくのを目の当たりにする。

1年後の中央区議選に狙いを定め、区の施設を借りて無料の英会話教室を始めた。生徒は会社帰りの男女で、週2回、50人ほどが集まった。加えて、中央区内の駅で1年間、毎朝、駅立ちもやった。月島駅と勝どき駅の12カ所の出口を朝7時半から9時まで順番に回り、通勤客に「おはようございます」と挨拶。中央区の課題や公教育の現状を伝えるチラシも配った。

こうした活動の蓄積が、無名の新人だったにもかかわらず、当選につながったのだろう。みんなの党公認で区議選に出ることが新聞に出ると、英会話教室は大騒ぎになったが、生徒たちのほとんど全員が選挙を応援してくれたという。

青木さんが政治スクールに通った頃、私は民主党に属していたが、スクールでは超党派で講師を呼び、どの政党から立候補してもいいと言っていた。みんなの党の江田憲司さんの話に感動した青木さんは、江田さんのところから出たいと私に〝仁義を切って〟、みんなの党から立候補した。

中央区は人口がどんどん増えている。オリンピックの選手村跡のマンションへの入居がはじまると、待機児童問題が再燃するかもしれない。放課後の学童問題も待ったなしだ。これらの課題にどう向き合うか。アナウンサー時代よりも忙しく働く青木さんの役割は大きい。

英語教室で教える青木かのさん

米軍基地のある町で出馬

姫野敦子さんは今、岩国市議6期目。1999年統一地方選の直前に立候補を決意、無所属で当選してから四半世紀近くが経つ。

姫野さんはもともと病院勤務看護師だった。ところが次男を出産後、夜勤のある仕事と二人の子育てが両立できずに看護師を辞め、訪問看護をしながら三男を産む。看護師時代と違って時間にゆとりができたので、県の教育委員会の生涯学習ボランティア活動のコーディネーターに精をだしたが、その過程で行政の課題に気づき、仲間と市議会の傍聴に行くようになった。

岩国市長選に出馬した姫野敦子さん
2016年1月

行ってみると、傍聴席に女性はいない。議会にも女性議員がほとんどいない。これじゃ、私たちの声は届かない、と思った。一応、審議会があって市民の声が届く「形」にはなっているが、メンバーは男性ばかりで、議論もない。これでいいのか。

女性を市議に出そうよ、という声はあがるが、出ようという人はいない。自分がやるしかない。地盤も資金も何もない。でも、とにかく一歩を踏み出して、やれるだけやろう——。時間がないなか、数人の友だちと、家の前にかける看板を手作りして、ペンキを塗ることからはじめた。資金は夫に借りた20万円。

「女子どもに政治ができるか」「女は布団の中で、子どもでも作っておれ」と面と向かって言われるような土地柄。さらに岩国市は、町の真ん中に米軍基地があり、事故や騒音、レイプなど基地関連の問題は多いものの、基地に反対しない市長を選べば、そこそこ楽な生活ができると思う人が多いところ。よくぞ、勝てたと思う。

初めての市議会以来、毎回一般質問をしている姫野さんだが、必ず手話を自分でやりながら質問する。議会に耳の聞こえない人はいないが、ケーブルテレビを見ている人、傍聴者にはいるかもしれない。バリアフリーの議会を目指したかった。

ところが男性の議員の中には、手話を揶揄して「またタコ踊りやってやがる」と言う人もいたという。「礼儀知らずというか、障害のある人たちを平気で馬鹿にするような態度の人が、けっこう与党にいたんです」と言う。

順風満帆だったわけではない。２０１４年には5期目の挑戦で落選。聴覚障害の人の無効票がけっこうあった。そこには、「姫野さん、頑張って！」と書かれていて、６票差で落選した。２０１６年には、基地問題で国の言いなりの市政にストップをかけようと、岩国市長選に立候補したが落選。２０１８年、再度市議選に出て、トップ当選した。市議の傍ら、訪問看護も続ける。在宅の現場の切実な問題を市政にも反映させたいからだ。

私も辞めなければ、あそこにいたのに…

出産、子育ては楽しいが、なぜこんな幼い子を相手に腹を立てているのかと、反省するほどカッカすることもある。最初から完璧な親になれるほど、みんな大人ではない。

毎日おむつを替え、洗濯をし、食事を作り、走り回る子を追っかけ、子どもたちをやっと寝かし終えたら、夫が戻る。夫も大変、男もつらいと思う。だから、疲れて寝たくても夜食の用意をする。でも、女もつらい。毎日毎日、自分の時間など取れないなかで、ふとテレビをつけると、昔の同僚がニュースを読み上げている。

私も辞めなければ、あそこにいたのに——。佐藤せい子さんは夫の転勤先の青森でやるせない気分になっていた。

仕事をしたい。しかし、子どもを見てくれる親も友人も青森にはいない。それならと地域誌で呼びかけた。「子育て中のママへ。一緒にグループをつくりませんか」。冬の間中、部屋の中で子どもとだけ向き合っていた女性たちから反響があった。皆、転勤族の妻たちだった。市が開催する女性の集いに参加したくても、子どもを預けるところがない。具体的な不満を行政にぶつけるところからはじめ、一歩ずつ改善を促していった。

12年後、静岡に転勤した時、3人の息子は青森弁丸出しの小学1年、4年、6年だった。子どもたちが新しい環境に慣れるまでは仕事も何もできないだろうなと思っていたが、子どもたちはすぐに静岡弁になっていた。県主催の女性の主張に応募したのを皮切りに、県の男女共同参画事業に次々と参加し、静岡でもネットワークができた。宮城テレビや秋田放送でアナウンサーをしていた経験をかわれ、選挙集会などの司会を頼まれるようになる。

日本新党の牧野聖修さんが静岡で立ち上げた「女性のための政治スクール静岡校」に参加したのが契機となり、1999年統一地方選で静岡市議選に出ないかと声がかかる。

静岡市はよそ者に冷たい。幼稚園から高校まで、旧静岡市の出でないと、絶対に市議にはなれないと言われていた。佐藤さんはよそ者である。仲間の女性たちが言った。「市議選より、県議選よ」。県議会78人定員で女性は1人。78分の1なんて絶対おかしい。静岡市からは県議が10人出ているが、県庁所在地にして女性ゼロ。女性を当選させよう！となった。

5期目の市議選にのぞむ佐藤せい子さん
2021年

女性たちだけ、「票読み」という言葉も知らない素人集団で、県議選に名乗りをあげた。周りを見ると、女性候補は佐藤さんだけ。あえなく落選。

この選挙で中央労働金庫から100万円を借りた。返済のため、選挙集会の司会やウグイスを選挙事務所に派遣する仕事を始める。選挙のノウハウを学ぼうと、「女性のための政治スクール」の本校にも通った。清水市と合併して政令市となった静岡市の最初の市議選で当選するまで、スクールに通いつめた。ただいま5期目。元気に活動中だ。

市議や県議に挑戦した女性たちには、出産や夫の転勤などでやむを得ず、あるいはキャリアに悩んで、仕事を辞めた人が少なくない。そんな人生にふと現れた「小休止」に、あらためて社会について考え、そこに潜む不合理や歪みに気付いたことが、政治家への転身につながった。

第8章

ふつうの女性が議員になれる時代へ

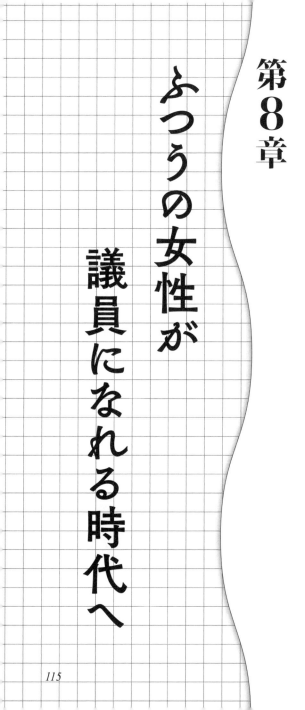

2023年春の統一地方選では、全国の11の市町村の議会で女性が半数以上になった。過去最高の7人の女性市長も誕生した。しかし、女性議員が半数以上になったのは全国1741の自治体のわずか0・6%。女性議員の比率は国会議員で16%、都道府県では14%。政治の世界は依然、圧倒的に男性社会である。とはいえ、人びとのくらしに密着する地方で、女性の政治への進出がじわじわ進んでいるのは間違いない。「女性の声を代弁する人は絶対に必要」という意識も確実に高まっている。

それをいち早く、20年も前に声をあげるだけでなく、実行した人がいる。平井久美子さんだ。

「みんなの会in日高」を立ち上げて

埼玉県日高市で生協活動に携わり、地域の問題に取り組んできた平井さんは、課題解決のためには、政治の力が必要だという思いを募らせていた。女性の市民の声、生活者の声を議会に伝え、日高市をより住みやすい町にしよう。必要なのは女性議員だ――。そう考えて2003(平成15)年、「みんなの会in日高」を広川ちえ子さんらと立ちあげ、初代の代表となる。

「みんなの会」の目標は「くらしの中の小さな願いや声を集めて政治を変えよう」だ。「小さな願いや声」を政策にして提案することを目指し、女性議員を送り出し続けている。

平井さんは「女性のための政治スクール」に通って政治の基礎を学ぶかたわら、日高市議会の傍聴を8年間続けた。「みんなの会in日高」の同志、広川さんを2003年に日高市議に送り出し、2009年の補欠選挙では田中まどかさんも市議にした。2011年には自らも市議選に出て初当選。「みんなの会in日高」の市議は3人になった。

自らの3回目の選挙を前に、平井さんは大きな決断をする。埼玉県議選への転身だ。2019年春の統一地方選、私は日高市まで県議選に立候補した平井さんの応援に駆けつけた。厳しい県議選に挑む平井さんの心意気を良しとしたからである。

埼玉県議会は、52の選挙区のうち1人区が27選挙区ある。割合は首都圏でトップだ。1人区や2人区は第1党が有利になりがちで、対抗者が出ないため、無投票になるケースが多い。埼玉でも全有権者の3分の1近くが投票する機会を持てないのが実情だった。

有権者の投票権を奪うのは民主主義の自殺行為。政治家として見過ごすわけにはいかない。平井さんは、現職の自民党県議を相手に、定数1の西8区日高市に立候補することにした。当選はかなわなかったが、一石を投じた意味はあった。なにより、有権者が選挙権を取り戻したことは大きかった。与党の現職にはどうせ勝てないとハナから諦めて、立候補する人がいないなか、無投票を避けたいという平井さんの心意気に共鳴した人は多かった。

ただ、それによって日高市が平井さんという市議を失ったのも事実だ。無投票をなくすことは必要だ。だが、それは個人の心意気に任せるのではなく、政治が対処するべきだろう。複数の選挙区を合

埼玉県議選に挑戦した平井久美子さん（中央）。右隣は筆者　2019年

併したり、県全体で県議選をしたりといった様々な工夫をしていく必要があると思う。

頭の固い行政を変えるために

全国的に活動するＮＰＯ「子ども劇場」の日高市と飯能市の５００人の会員組織で役員をしていた田中まどかさんは、劇場運営をめぐって行政とやりとりすることが多かった。何かというと前例を持ち出す行政をいつも腹立たしく思っていた。

日高市議選補選に初めて立候補した田中まどかさん（中央）。左端は広川ちえ子さん
2009年12月

そんな田中さんに、「あなた、市に腹立ててるんじゃない？」とずばりと突いてきたのが平井さんだった。「頭の固い市の行政を変えるためには、あなた自身が市議になったら」と口説いた。資金は「みんなの会in日高」で出すという。夫の説得もしてくれた。「演説なんてとてもできないと言うと、平井さんが原稿を作ってくれて、人前で話す練習もしたんです」と田中さん。「女性のための政治スクール」に通って勉強し、２００９年の補欠選挙で日高市議に。５期目の今では演説も堂に入っている。

議会での質問回数も多い。議会報告の会報誌を市内全戸に配布し、ツイッターなどのＳＮＳでの発信も積極的に行っている。

だが、そうした活動を苦々しく思う人も少なくないようで、Ｓ

日高市議会議員選挙に初挑戦した広川ちえ子さん　2003年4月

NSに「隣席の議員さんは予算の質疑なのに、予算書の1頁も開こうとしない」と書いたことが問題視され、議員辞職勧告されてしまった。それでも、議会の透明化をはかろうと奮闘する田中さんを支えてくれる市民は多く、勧告にもめげずに議員活動を続け、2023年春の統一地方選挙はトップ当選だった。

広川ちえ子さんは「みんなの会in日高」から出た1人目の市議だが、2003年に当選して2期をつとめ、今も「みんなの会」を代表として支えている。平井さんと市議会の傍聴に通い続け、田中さんらと3人で「女性のための政治スクール」にも通った。

もともとは生活クラブの組合員で、食の安全について市議会に請願をしたことはあったが、政治と自分を結び付けることはなかったという。平井さんの熱意に押され、ふつうの女性の声の届く市政が必要だと気付き、政治に関心を持つようになった。

移住した安曇野で市議に転身

2011年3月、東日本大震災が起きた。都内で暮らしていた小林陽子さんは2人目の子どもを産んだばかりだったが、「東京では暮らせない。子どもを育てられない」と感じた。「当たり前と思って

新宿駅構内での安曇野市農産物をPRするイベント（あずさマルシェ）に参加した小林陽子さん

いた生活が、足もとから崩れるような本能的危機感をもちました」と言う。

もっと地に足のついたくらしをしたい。子どもと一緒に行った夫の実家の長野県安曇野市で口にしたアスパラガスの、なんと美味しかったことか。「農業をしながら、安曇野で子育てをしたい」。いつしか夫とそんな話をするようになった。

とはいえ、夫は大学進学を機に上京、今は都内の大手銀行に勤める身。農業に従事した経験はない。小林さんも津田塾大学を出た後、企業に勤めた〝都会人〟だ。すぐに農業に転身するのは現実的ではない。上の子が社会人になるまでの5年間を準備期間と定めた。

小林さんはファイナンシャルプランナーとして仕事の幅を広げ、経験も積んだ。上の子が社会人になったのを機に、計画どおり小林さんは夫、二男と安曇野に移住し、夫の実家の小林農園を継いだ。新鮮なおいしさが衝撃的だったトマトやアスパラなどの栽培に、夫の両親の助けを得て精を出した。

２０１７年、夫の友人たちが家にやってきた。安曇野市議選に夫を担ぎたいという。夫は断り、代替案を出す。「彼女はどう？　僕より向いているんじゃないか」と小林さんを推薦したのだ。友人たちはびっくり。「夫の友人たちだけではないんです。女性と政治というのが、まったく結びつかない土地柄で、立候補を決めた後も、近所の人から『女が選挙に出て何するの』と言われました」

彼女は驚いたが伏線はあった。移住して以来、若い人が住み続けたい町にしないと、この素晴らしい町が衰弱してしまうのではないかと危機感を深め、夫にこぼしてもいた。戸惑う小林さんの背中を夫は押した。ファイナンシャルプランナーとしての経験も活きるはずだと言う。選挙を3カ月後に控えた7月、「女性のための政治スクール」への入校手続きをとった。

私のアドバイスにしたがい、近隣の女性たちを集めて、野菜料理を作る食事会を始めた。子どもや家族の悩みごとも話し合う。毎月のやりくりや老後の資金の相談は、ファイナンシャルプランナーにすればお手のものだ。夫や夫の両親も地縁を活かして声をかけてくれた。小林さんは最年少で当選。「といっても46歳。20代はほとんどいない地域なんです」。

彼女が政策の柱にしたのは農業の振興。名物の米、りんご、わさびも、事情を聞くと環境は厳しい。「農業では食べていけないのが現実です。何とか食料自給率を上げて、農と食を守りたい」。学校給食での地産地消率を60％にするのが目標だ。

若い人の住みやすい安曇野市にしたいとも考えている。そのための仕掛けが、パリテカフェや暦の会。移住当初から取り組んできた暦の会では、24節気ごとに農園で採れた野菜を料理し、食事をしながら話をする。

「こうした話し合いから、おじさん議員の関心外のことが出てくるんです。エアコンを学校や保育園に設置する。防災倉庫を大きくする。危険な通学路を改善する。お母さんたちがいくら要望してもダメなことを、暦の会やパリテカフェで吸い上げて、私が代弁します」
2023年に安曇野市議を辞任、長野県議選に当選した。活動の幅を着々と広げる小林さんだ。

音楽教師から三郷村村議に

小林さんが初めて立候補したとき、「スクール生の後輩である小林さんが出るから支援してあげて」と頼んだのが、今は安曇野市に合併した三郷村の村議だった降旗幸子さんだ。

社会教育功労者賞をもらい、夫と記念撮影する降旗幸子さん（左）

松本市の名門・松本深志高校を卒業し、国立音大を出たあとヤマハ音楽教室に勤め、地元に帰ってからも音楽教室を続けた。指揮者の小澤征爾さんの「松本フェスティバル」にもかかわるなど、多くのボランティア活動に携わった。人脈の広い彼女なら小林さんの力になると思ったからだ。私のスクールにも長年通い続けている。

音楽一筋の降旗さんが村議になったのは、ある日突然、三郷村の地区長が「村議に出てくれ」といってきたからだ。三郷村ボランティア協会の設立に参加して会長を歴任、社会福祉協議会理事、民生児童委員などの活動をしてきた彼女に、地区長が目をつけた。

町や村には幾つも地区があり、そこに地区長がいる。選挙になると、地区長を中心に次はだれを議員にするかを決めていて、他の人は出られない。仮に出ても、ほとんどの人は地区長の推す人物に投票するから、なかなか当選できない。

村会議員・県会議員を歴任した降旗さんの夫は、「女に政治なんかできるかという土地柄だからね。私が村長選に出るんじゃないかと推測し、阻止しようと妻を村議にといってきたんじゃないかな」と茶々を入れ、「女が政治にかかわって何が悪いというのを見せつけてやれと、私は彼女に言ったんだよ」

当選した降旗さんの理想は、男女の性別役割分業をやめ、女性が自由に生きられる村づくりだった。音楽教室も幼児教育も夫と二人三脚でやってきた。しかしまわりは違った。降旗さんの夫は言う。

「村議会の議長から何度も私に電話があって、『今度の採決、奥さんには賛成してくれといっておいてくれ』と言う。彼女に何かいう権限はないよ、と突き放すんだが、村議会ってそういうところなんだよ。いまだに日本中似たりよったりかも」

子育て中の女性も選挙に出られるように

鎌倉市議の藤本あさこさんは2021年4月の市議選で初当選した。その1年前から「女性のための政治スクール」に通い、政治への思いを熱く語っていた。

「政治というルールを決める場所に、多様性が存在していないのはおかしいでしょ」

「どんな課題があるかを見つけ、問題の本質を明らかにし、課題解決のアクションにつなげていくことが使命だと思うんです」

スクールの講義の後に開かれるお茶会では、いつも元気はつらつ。鎌倉市議に立候補すると決め、地元の友人のカメラマンやデザイナーとチラシを作り、鎌倉と大船の駅頭で配り始めたら、「冷蔵庫に貼ってます！」という人もいて、反応がすごく良かったという。「お前になんか政治はできないよ」と罵声をあびたり、からまれたり、嫌な思いをすることもあったが、持ち前の元気で耐えて、当選。

選挙期間中、子どもを横浜の実家に預けたが、毎回そうはいかない。子育て中の女性でも選挙に挑戦できるようにと、「Ｓｔａｎｄ ｂｙ Ｗｏｍｅｎ」代表の女性や参院選出馬経験のある女性らと共に、「こそだて選挙ハック！プロジェクト」を立ちあげた。

鎌倉市議会議員選挙に初挑戦した藤本あさこさん（左）。鎌倉の海辺での出陣式の後で
2021年4月

家族のケアを担うことが多い女性にとって現在の選挙スタイルは過酷だ。子どもを預けるところも少なく、子育て中や介護に携わっている人が立候補するのは簡単ではない。それはおかしい、選挙スタイルを変えなくてはいけない。そう考えて昨年11月に発足。２０２３年統一地方選に向け、子育てしながら選挙に勝つ方法など情報を共有したり、連帯するためのコミュニティを提供したりした。

統一地方選が終わり、一定の役割を果たせたことで、会の活動はいったん休止したが、４年後にはまた、立候補に踏み出した多くの女性を支援しているに違いない。

「ジャンヌ・ダルクの会」と『立て。女たちよ。』

「女性のための政治スクール」のスクール生で初めて議員になったのは、1期生の矢吹恵子さんだ。1994年1月22日の我孫子市議会補欠選挙に出て、見事に当選した。スクール1期の修了式直前の快挙にスクール生は喜ぶとともに、議員になることへの意欲をかきたてられたようだ。翌1995年の統一地方選には8人が立候補。矢吹さんも呼んで、立候補予定候補者全員の記者会見も開いた。

政治の勉強をして、〝賢い有権者〟になれればいいと思ってスクールに参加した人も、講義の後、一緒にお茶を飲んだり、懇親会で話を聞いたりすると、自分と同じふつうの女性でも議員になれることを知り、私にもできるかも、と思うようになる。

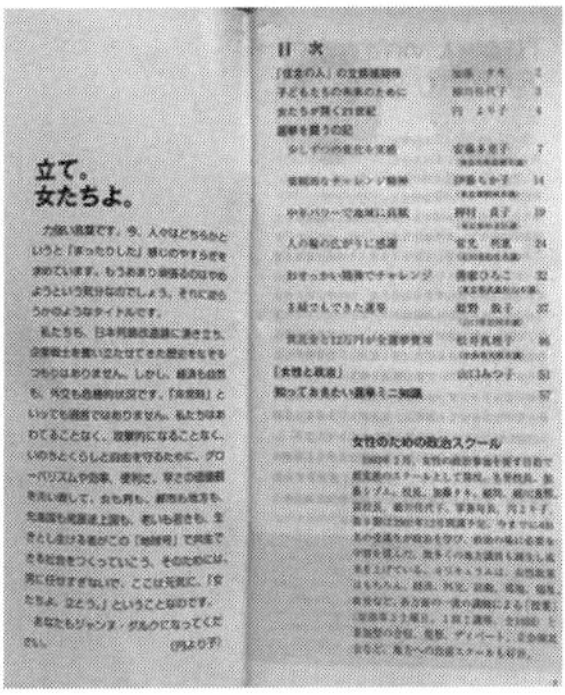

「ジャンヌ・ダルクの会」がつくった選挙マニュアル本『立て。女たちよ。』

立候補して当選する女性が増えると、ハードルはますます低くなる。そんな女性議員が増えるメカニズムがつくれるかどうか。もっと言えば、そういうメカニズムをどうつくるかが、女性の政治家を増やすために大切だ。

1996年から2001年まで5年間、スクールに通った神奈川県綾瀬市議の安藤多恵子さんたちが「ジャンヌ・ダルクの会」を立ち上げたのは2000年11月。動いたのは、女性議員を増やすため、具体的に行動を起こすという会の理念に賛同した「女性のための政治スクール」の卒業生の有志たちだった。

年に2回、集中講座を開き、女性政策に関係する各省庁担当者を講師に迎えて、参議院議員会館で勉強した。地方議員が直接、官僚に質問できる機会をつくるとともに、各地の候補者の発掘と支援の活動を広げるという狙いがあった。女性議員へのアンケートを実施したり、本を作ったりもした。成果のひとつが、2002年10月発行の選挙マニュアル本『立て。女たちよ。』である。

地方議員になった多くの女性たちは、世襲でもなければ、知り合いに政治家がいたわけでも、政治に関係があったわけでもない、まったく市井のふつうの人で、経済力もないにひとしい主婦であることが多かった。それでも彼女たちは、行政や議会に対して、どこかおかしいという思いを強く持ち、自分たちがやらねばと立ち上がった。

自らを、フランスを危機から救った女性、ジャンヌ・ダルクになぞらえた人も少なくない。「ジャンヌ・ダルクの会」と命名したのは、それゆえだ。目的は議員になることではない。自分がおかしいと思った社会を変えるのが目的だ。そのためには、討ち死にしてもいいという覚悟だった。

自主上映の仲間と手作り選挙で当選

終戦の年の1945(昭和20)年の初夏、二人の特攻隊員が小学校を訪れ、出撃前の最後の思い出にピアノを弾いたという実話に基づく映画「月光の夏」(1993年・神山征二郎監督)に感動した安藤さんは、綾瀬市で自主上映することを思い立つ。１５００枚のチケットを売り、上演は大成功を収めたが、その活動中に、主婦だと相手にしようとしない市役所、くだらない自慢話しかしない元政治家を目の当たりにする。市議会議員というのは市民の生活の向上のために働く立派な人というイメージがすっかり崩された。

４カ月後に統一地方選があると気づき、立候補を決意。一緒に自主上映に汗を流した仲間が手伝ってくれた。看板、マスコットキャラクターなどはすべて手作り。選挙事務所は自宅の駐車場にテントを立て、庭に咲いていたパンジーのプランターで飾った。「地域のために働きます」と、赤いエプロン姿で選挙区を歩きまわった。結果は８４０票。29人の候補中、22位で当選。定員26人、女性の当選者は２人だった。

１９０億円をかけて建ったばかりの綾瀬市庁舎に入ることになった安藤さんは、職員らが引っ越す前に市民に新庁舎を公開することを提案した。障害を持つ人のためのツアーや、市民を対象にした月1回のコンサートも実現させた。市民の税金をつかって建てた庁舎を、一部の人だけのものにしてはいけないと考えたからだ。「市役所は遊びの場じゃねえぞ」などの野次を浴びながらも、市民と行政のパイプ役をつとめ

NPO法人「ふるさと環境市民」副代表として、子どもたちへの環境学習のひとこま「食べ物から環境を考える〜ハンバーガーはどこからくるの?」で食べ物博士を演じる安藤多恵子さん

た。

無所属を貫き、現在8期目の安藤さん。「あやせ国際友好協会」を立ち上げて四半世紀、NPO法人「ふるさと環境市民」も30年近くになる。市民との川原のゴミ拾いや清掃。小学校への食べ物博士やゴミ博士を連れての出前講座。ブラジルやインドの人たちとの料理と文化を通しての交流。こうした活動が支持者を増やすことにつながっている。

ふつうの女性が政治家になる姿を見て

2003年の統一地方選江戸川区議選に初出馬した田の上いくこさん

「女性のための政治スクール」のメンバーとして、ジャンヌ・ダルクの会で作った小冊子『立て。女たちよ。』の編集に携わった田の上いくこさんが、江戸川区議選でトップ当選したのは2003年7月だ。

民主党公認で出たいというので、東京16区総支部長をつとめる衆議院議員に紹介、公認を得た。着々と準備を進め、出陣式から私も応援に入った。最終日は圧巻だった。夕方から街頭演説に付き合い、マイクを置く20時になったが、彼女はマイクなしで駅頭に立ち続け、声を張り上げた。

「たのうえです。明日の投票はぜひ、たのうえをお願いします」。駅の階段を降りてくる男性たちが、「頑張れよ」「痩せちゃって大丈夫か」「朝からずっと立っていたのか」「明日は必ずたのうえと書く！」と口々に言う。彼女の手を握って離さない酒臭いおじさんもいた。

もともとオーストラリアの大学院を出て外資系企業に勤め、江戸川区外での活動が多かった彼女だ。アフター均等法世代で仕事は面白いが、ダブルインカムで少しは経済的余裕があっても、こんなに働いていて子どもを産んで育てることなどできるだろうかなどと考えるうちに、区内の子育て事情に目がいくようになる。

まわりには母子家庭も多く、経済的に困窮している。共働きで子どもが産まれると、保育園は入りにくい。短時間労働は許されず、退職した人もいる。均等法ができたって、男と同じように働けと言われたって、とてもやってはいられない。

男が、家事も育児もできる働き方にならない限り、子どもなんて産めやしない。「政治を変えなくちゃ」と決意し、女性のための政治スクールに入った。ふつうの女性たちが課題解決を胸に政治家になっていく姿を見て、自分もと思った。

江戸川区の都議に欠員が出て、２００７年４月に補欠選挙が行われることになった。３カ月後には２期目の区議選があるが、私や党は彼女を補選に出すと決めた。彼女も意欲があった。10万票以上の票を得た。江戸川区で野党系の国会議員や都議が獲得したことのない大量得票だったが、落選。２年後の都議選本選で当選を果たす。

今は3期目をつとめているが、視覚障害者のガイドヘルパーや整体師の資格もとり、福祉政策に尽力するなど、努力の人でもある。

一生住むと決めた町を暮らしやすくしたい

東京の西北にある東久留米市は、湧水が豊富で広葉樹林が広がる。オフィスや工場は少なく、大規模団地の多い住宅地だ。昭和30年代後半から人口が急増したが、今は高齢化率が高い。

東京都港区から東久留米市に転居した岩崎さやこさんが、政治に関心を持つようになったのは、男女平等推進センターの市民委員だった2021年12月に、市長選討論会で出会った人たちの影響が大きいという。食の安全や環境問題に熱心にとりくんでいる人たちで、彼らと市議会の傍聴に行くようになった。息子が学校でいじめを受けていたことが判明、対応に頭を悩ますなか、市の教育行政にも目がいくようになる。

市議会は彼女にとって、「時間を消化しているという感じで、熱意が感じられないことが多かった」らしい。「市民の一人ひとりが声をあげて変えていく努力をしなければと思ったんです。行政任せじゃダメではないかと」

以前住んでいた港区と比べて、東久留米のほうが親の出費が多い。市の財政が厳しいという事情はあるだろうが、子育てや教育の支援体制が充実していないのではないか。豊かな自然があり、子育てにうってつけの場所なのにもったいない。市政にもっと意見を言えるようになりたい。一生住むと決めたこの東久留米市をもっと暮らしやすい町にしたい。

そう思うようになった時、2023年の統一地方選が目に入った。「選挙のことなど何も知らないし、無謀だと思ったけれど、市議選に出ようと決めたんです」。「女性のための政治スクール」に入校。「現職議員や元職の方々から、議員の仕事、選挙の方法など、毎回、講義の後のお茶会で話が聞けて、勇気がでました」

子育てや教育のことをやりたいが、農業や食の安全にも関心がある。市議選に出るという岩崎さんを応援してくれる人には、長く学校給食にとりくんできた人もいる。環境問題に詳しい人もいる。彼らの支援はたのもしい。

東久留米市内で友人たちとチラシ配りをする岩崎さやこさん

隣の小平市では、地場野菜などを給食に30％も使っている。東久留米もトマト・ホウレンソウ・キュウリが特産で、野菜の産出額は都内5位。「給食の地場野菜比率を上げ、子どもたちの食の安全と農家の両方がウィンウィンになるようにしたいんです」。2023年4月、国民民主党の公認を得て当選。市議として働き始めている。

疑問を持ち、声をあげる勇気を持つ

議員になった女性たちの多くは特別な人ではない。ごくふつうの主婦であり、母であり、生活者だった。特徴があるとすれば、日常生活において周囲を観察する力があり、どこかおかしいと疑問をもったときに、それを変えた方がいいと声をあげる勇気を持っていたことだ。

『立て。女たちよ。』の中で安藤さんもこう書いている。

——政治を身近なものにしていかなくてはならないという強い思いさえあれば、特別な組織やお金がなくても、誰でも議員になれます。

大切なのは、「強い思い」なのだ。

「男の世界」である政治に飛びこむ女性の政治家を増やし、女性と男性が共生する社会をつくろうと、私が政治の道に入った時につくった「女性のための政治スクール」は、平成の政治の歴史に翻弄されながらも、30年という時を刻んだ。今、令和の政治を良いものにするために、新たな一歩を踏み出したいと思う。

勇気を奮って政治の世界に入った女性たちが支えあえるネットワークを強化する。出馬したい人への支援にさらに力を入れる。ふつうの女性が議員になれる時代を求めて、やりたいこと、やらねばいけないことは、まだまだあるのだ。

第9章

私が見た激動の平成政治史

私が政治の世界に入ったのは1992（平成4）年。細川護熙さんに声をかけられ、日本新党の立ち上げにかかわったのがきっかけだった。以来、1993年から2010年まで参議院議員を3期つとめるなど、激動の平成政治を至近距離で眺めてきた。

本章では、自らの政治経験を振り返りながら、女性の目からみた政治の現場の実態について書いていきたい。いわば、円より子版・平成政治史である。

細川さんが月刊誌で新党結党宣言

1989年、元号が昭和から平成にかわった。昭和天皇の大喪の儀が行なわれた2月24日には、いく昭和を惜しむかのように、冷たい氷雨がそぼ降っていた。

この年は冷戦の終わった年でもあった。11月10日にベルリンの壁が崩壊。12月3日にはブッシュ・米大統領とゴルバチョフ・ソ連書記長が「冷戦の終結」をマルタ島で宣言した。

この直前、三菱地所がニューヨークのロックフェラーセンターを買収。日本の威力を見せ付け、世界から、特にアメリカから睨まれた。そうした世界の「目」に気づくこともなく、日本はバブルに浮かれていた。

参議院選挙で社会党が圧勝し、「山が動いた！」の名文句を委員長だった土井たか子さんが発したのも1989年だ。日本の政治は「政治とカネ」の問題で揺れていた。未公開株が有力政治家にばらまかれたリクルート事件は政界を揺るがし、金権腐敗を改めようと、「政治改革」の動きが自民党の中から湧き上がる。

とはいえ、政治は簡単には変わらない。自民党は依然として大勢力を維持し、政治改革も進まない。経済の先行きにも暗雲が立ちこめ、世論が政治を見る目は確実に厳しくなっていた。そんななか……

1992年5月、月刊「文藝春秋」に一本の記事が掲載された。筆者は元熊本県知事の細川護熙さん。新党の結党宣言だった。

――荒海に漕ぎ出していく小舟の舳先に立ち上がり、難破することも恐れずに、今や失われかけている理想主義の旗を掲げて、私はあえて確たる見通しも持ちえないままに船出したいと思う。歴史を振り返ってみれば、理想の船出というものはいつもそういうものだったのだ。

改革への情熱あふれるその宣言に、胸を震わせた人は多かった。私もその一人だった。

宣言通り、細川さんは地方主権、生活者主権を謳った保守中道の政党、日本新党を立ち上げる。日本の歴史に脈々と続く細川家の18代目、藤原家26代目。政党助成金もまだない頃に、細川さんは10億円以上の借財をして理想主義の旗を掲げ、日本新党という小舟で文字どおり荒海に船出した。

政治に無関心な人々も、テレビニュースで連日取り上げられる細川さんに、ミーハー的な関心を抱いた。自民党の実力者・金丸信氏が「政治とカネ」の問題で逮捕されるなど、政治への不信感がさらに高まっていただけに、「日本を変える」と後のない決意を秘めた細川さんの宣言は、清々しいイメージで受け止められた。

「円さん、一緒に変えましょう」

　ほどなくその細川さんが私を訪ねてきた。日本新党に参加し、夏の参院選に出てほしいという要請だった。「どうして私に」と尋ねる私に、細川さんは「実は、毎日毎日、断られ続けているんです」と、疲れ切った表情を見せた。

　志高く、この国の人々のために政治を変えようと立ち上がった人のもとに、続々と人が駆けつけると思っていたのに、違った。地位も財産も名誉もある人たちには、何の実績もない新党に身を預ければ危ないという冷静な計算が働いたのだろう。私は怒りに震えた。

　地位や財産、名声もある人は、社会を変えようなんて思いはしない。世の中を変えるのは、何も持たない、いや持っていても、失うことをいとわない人間だ。私の目の前にいるこの人は、すべてを持っているのに、それを投げ出して世の中を変えようとしている。この人となら社会を変えられるかもしれない。そう強く感じたのを、今も鮮明に思い出す。

　津田塾大学を私は卒業した。創設者の津田梅子がかつて卒業式で話したという「あなたたちは幸運にも高等教育を受けることができたのだから、社会の役に立つよう働くのですよ」という言葉を胸に秘め、社会の役に立つ仕事をしたいと燃えていた。実際、私が卒業した当時、4年制大学を出る女性は5％に過ぎなかった。

　ジャパンタイムズで働いた後、フリーのジャーナリストとして、高齢社会や家族のあり方について、北欧を中心に取材していた私は、『離婚します』という単行本を企画出版したのを契機に、毎月一度、「ニコニコ離婚講座」を東京表参道のファッションビルで開くようになった。

全国から受講したいと電話がかかり、取材も殺到。細川さんが我が家を訪れた頃の私は、新聞、月刊誌、週刊誌の連載を抱え、連日、テレビの主婦向け番組に出演、全国を講演で駆け回るなど、シングルマザーとして娘を育てながら、多忙な日々を送っていた。

講座のテーマは離婚をめぐる法律だけでなく、税制、年金、雇用、福祉、体や性のことまで、女性問題全般に及んだ。家父長制度の残滓が残る家族制度、固定的性別役割分担の考え方が色濃い社会を変えなければ、女性や少数者、そして男性も生きにくさは変わらない。つくづくそう感じていた。「政治だったら変えていけるでしょうか」と聞いた私に、細川さんは力強く答えた。「円さん、一緒に変えましょう」

参院選まではほとんど時間はなかった。比例区で立候補する準備を進めるうち、あっという間に7月8日の公示を迎えた。「選挙の神様」と言われていた竹下登元総理は「細川も3人当選させたら生き残れるわな」と公言していた。激励か脅しか、真意は分からない。いずれにせよ、もう後には退けない。全国を駆け回り、街頭演説もこなした。手応えはあった。

選挙の最終日の7月25日。池袋駅東口での最後の演説会には、女優の竹下景子さんら有名人も駆け付け、大変な熱気だった。高輪にあった党本部に戻るとホールはボランティアでいっぱい。皆、細川さんの挨拶を万感胸に迫る思いで聞いた。時代を細川さんとともにつくるのだという思いに感極まったのか、汗と涙で顔をぐちゃぐちゃにした若者も大勢いた。

参院選で日本新党は4人の当選者を出した。竹下元総理の生き残りの「条件」はクリアした。当選したのは、比例名簿1位の細川護熙氏、2位の小池百合子氏、3位の寺沢芳男氏、4位の武田邦太郎氏。7位の私は落選した。

クオータ制と日本新党の党則

「女・子ども」という言葉がある。女・子どもは黙っていろ、女に何ができる、といった文脈で、女を黙らせようとする。政治の世界も政策も予算も、女・子どもは後まわしだった。

男が働き、女が家を守るという規範のもとに、雇用政策も税制もつくられていた。女子差別撤廃条約は1981（昭和56）年に発効したが、日本が批准するのは1985年の男女雇用機会均等法の施行まで待たなければならなかった。

当時の女性の就業状況を見ると、25歳から35歳がガクンと低い。いわゆる「M字カーブ」である。結婚、出産で仕事を辞めざるを得ない女性が多かった。仕事を続けても、昇給や昇進で、同期の男性との差はどんどん開いた。

離婚して再就職すると、資格も活かせず、低収入に甘んじるケースが多く、仕事を辞めたことを後悔する人が大半だった。しかし、当時は出産や夫の転勤で、辞めざるを得ないのが実情だった。こうした状況を変えるため、党の政策委員会の委員になった私は、日本新党の党則にクオータ制を入れるよう働きかけた。

クオータ制とは、雇用や政治の分野で人員構成に性別や人種などによる偏りが生じないように、一定の比率を定めておく制度を言う。政治家にも霞ヶ関の官僚にも女性が圧倒的に少ない。これだと、女性の声が政策に反映されない。政治や行政の場にクオータ制が絶対に不可欠だと考えた私は、まず日本新党の中からはじめようと思ったのだ。

1978年、ノルウェーは男女平等法を制定してクオータ制を導入。1986年にはブルントラント首相以下、女性閣僚が4割以上の女性内閣が誕生した。以降、北欧諸国だけでなく、世界各国でクオータ制は採用されるようになった。

政治分野における男女共同参画推進法が成立。その成立に尽力したQの会（クオータ制を推進する会）のメンバーで喜びの記念撮影。筆者も2列目右から3人目に

ところが日本新党には、党則にクオータを入れることへの慎重意見が強かった。「平等原理の侵害にあたらないか」「逆差別にならないか」と言う。私は耳を疑った。そもそも、現実は平等ではない。差別だらけだ。

男女の賃金に差があり、経済力は大抵男性のほうがある。選挙には、「地盤、看板、カバン（鞄）」が必要だと言われる、「カバン＝資金」を女性が持つのは難しい。結婚で、氏を変えるのは圧倒的に女性。「看板」を維持するのも男性より困難だ。夫の

転勤で住所を変える女性は多く、「地盤」を築くのも厳しい。男性はもともと、女性より「高い下駄」を履かせてもらい、優遇されているといってもいいのだから、逆差別にはあたらない。私はそう言って説得に努めた。

クオータの枠があっても、立候補に意欲を持つ女性が少ないという問題もあった。「女・子どもが政治なんて」という価値観は社会に根強く、「女子はおとなしく、可愛くあれ。大きな声で主張するなど女らしくない」と、がんじがらめにされていた。本人がやる気になっても、家族が反対するケースもあった。

さらに大きく影響したのは、政治に対する不信だ。汚い世界には入りたくないと言う女性は少なくなかった。志を同じくする人たちと国を変えるために活動することがどれだけ楽しいか。これと思う女性たちをくどいてまわったが、思うように進まなかった。

クオータを党則に採用してもらうためにも必死で候補者を探した私だが、もちろん主目的はいつあるかわからない衆院選に女性に立ってもらうことだ。前回の衆院選は1990年2月18日だったから、党則を詰めていた1992年の冬は衆議院議員の任期が2年半を過ぎていつ解散総選挙になっても不思議ではない時期で、細川代表らも候補者発掘に奔走していた。

細川さんから妥協案が出た。いつ衆院選がわからないこの時期に、「候補者の20%とか30%を女性に」と決めてしまうのはまずい。当面は党の執行部にクオータを採用することにし、候補者のほうはいずれということにしてはどうかというものだった。最終的に党則は、「執行部のメンバーはいずれかの性が20％を下回らないものとする」で決着した。

候補者にこそクオータを採用できなかったが、意思決定機関に2割の女性が入る意義は大きかった。加藤タキ、小池百合子、私の3人が執行部のメンバーとなり、党の意思決定に参加することになった。

「女性のための政治スクール」を開校

「女性のための政治スクール」の開校式に出席した加藤シヅエ名誉校長（右）と加藤タキ校長
1993年2月3日、東京都港区

女性に政治の世界に入ってほしいといっても、女性であれば誰でもいいというわけではない。ジェンダー平等を理解し、平和や平等、自由、公正な社会の実現に寄与したいという思いを持つ、世襲ではない人に議員になってほしい。

ならば、そんな人たちを育てるための〝スクール〟をつくろうと私は思った。「女性のための政治スクール」の提案はすんなり受け入れられ、私が事務局長として仕切ることになった。

開校式は1993年2月3日。党のホールはスクール生とメディア関係者であふれかえった。名誉校長の加藤シヅエさんが元気に挨拶をした。

「日本の長い歴史の中に、特筆すべき女性の進出の突破口が開かれたという意味で、大変今日はおめでたい日です」

「女性の進出とは、ただ、目立つところにぞろぞろと繰り出してパフォーマンスをして、目立てばいいというものではありません。内容が評価されるものでなければなりません」

「一人の人間が、どんなに小さな人間であっても、世のため、人のために、お役に立ちたいという気持ちが燃え続けている限り、その人の力に応じた経歴がついて歩いてくるのです」

心にズシリと響く、重い言葉が続いた。

シヅエさんは第二次世界大戦中、「産めよ、殖《ふ》やせよ」の国策がとられていた時代に、避妊具を手作りして避妊を望む全国の女性たちに送っていた。家の窓ガラスはしょっちゅう割れていたという。

「非国民と怒鳴って、石つぶてを投げる人たちがいましたから」。

戦後、後に労働大臣になる加藤勘十と再婚、タキさんを産んだばかりだったシヅエさんは、日本を占領した連合軍総司令官だったマッカーサーから、「女性の生き方を変えよう、良くしようと活動しているあなたが、なぜ立候補しないのか」と言われて1946年4月、女性が参政権を得た戦後初の衆院選に出馬。39人の女性当選者の一人となり、その後28年間、国会議員をつとめた。

彼女もまた、難破することを恐れず、荒海にこぎだした一人だった。

自民党議員の造反で宮沢内閣不信任案が可決

スクール1期の開講中の1993(平成5)年6月9日、皇太子殿下(現天皇陛下)と小和田雅子さん(現皇后陛下)の結婚の儀が行われた。その9日後の6月18日、宮沢喜一首相は内閣不信任案の可決を受けて衆議院を解散。私も衆院選の真っ只中にほうりこまれた。参議院議員だった細川さんと小池百合子さんが衆院選に出ることになり、組織委員長兼選対本部長に任命されたのだ。

宮沢首相が衆議院を解散した18日は東京都議選の告示日だった。日本新党公認候補の渋谷区神宮前の事務所は私の自宅から近い。出陣式に駆けつけると、野田佳彦さん（後の首相）ら松下政経塾の先輩たちが応援に来ていた。ふつうなら否決されるはずの不信任案がそうならず、解散になるのではということで皆、浮き足だっていたのを覚えている。

「政変」の始まりは、6月14日朝の経団連の朝食会で、梶山静六自民党幹事長が「政治改革は2年後になる」と言ったことだった。5月に宮沢首相が、今国会中に衆議院の選挙制度改革をやると決意を語ったが、党内をまとめきれず、次国会へと先送りになった。そこに、次の国会どころか2年後という〝梶山発言〟が飛び出して、騒ぎが大きくなった。

通常国会閉会にあわせて野党3党（社会党、公明党、民社党）が共同で内閣不信任案を提出することになったが、自民党の改革派が賛成し、成立するのではないか。そんな風評が飛び交っていた。

日本新党では、梶山発言が流れた途端、「解散になる」という観測が強まると同時に、候補者の選定が間に合わないという焦りが広がった。16日は「女性のための政治スクール」の講義がある日で、細川代表の講義が予定されていた。代役を立ててはと提案したが、細川代表は「予定通りやります」と言う。

ホールには大勢のスクール生が息を飲むように待っていた。党本部の緊迫した状況が伝わるのだろう。日本新党の目指すものを話した細川さんが、スクール生の心をわしづかみにしたのは言うまでもない。

野党が提出する内閣不信任案は通常、多数を握る与党によって粛々と否決され、解散にはならないものだ。不信任案が可決され、解散になったのは、与党・自民党から造反議員が出たからだ。

１９９２年、自民党の最大派閥・経世会の会長だった金丸信衆議院議員への東京佐川急便からのヤミ献金が発覚。金丸氏が議員を辞職、経世会会長も辞任した後、〝跡目〟をめぐって経世会は分裂。小渕恵三、橋本龍太郎、梶山静六といった議員らと、小沢一郎、羽田孜、奥田敬和、渡部恒三らの議員との対立が激化していた。

小渕さんが経世会会長になると、小沢さんらのグループは脱会。その後、宮沢首相が小渕派を優遇し、羽田・小沢グループを人事で冷遇したことなどから、不信任案に賛成するという造反劇が起きたのである。

この時、内閣不信任案をめぐって自民党にもう一つの動きがあった。武村正義、田中秀征らの議員が宮沢内閣に対する不信任案に反対票を投じたうえで、解散後に自民党を離党、新党さきがけを結成したのだ。羽田・小沢グループは自民党内にとどまって党内改革を行うつもりだったが、さきがけの結成を受けて離党、新生党を結成した。

自民党が下野、細川非自民連立政権が発足

６月27日、都議選が投開票。日本新党は擁立した公認22人中20人、推薦10人中５人を当選させた。大勝利である。この勢いのまま、翌月の衆院選になだれこむ。そんな日本新党のもとに、野党同士で選挙協力をして自民党に対抗しようと、小沢さんの意を受けて、新生党の羽田孜さん、平野貞夫さんがやってきた。細川さんは考えた末、その申し出を断り、単独で闘う決意をする。

単独で闘うという判断が正しかったのだろう。衆院選の結果は、自民党２２３議席、以下、社会党70、新生党55、公明党51、日本新党35、民社党15、共産党15、さきがけ13、社民連４、無所属30。自民党は過半数をとれず、社会党も大きく票を減らした。

日本新党の35人には、今も政界で活躍する有能な人材が多い。首相をつとめた野田佳彦さん、衆議院副議長の海江田万里さん、参議院副議長の長浜博行さん、元国土交通大臣の前原誠司さん、立憲民主党の党首だった枝野幸男さん、自民党幹事長の茂木敏充さん、自民党前選対委員長の遠藤利明さん、元金融担当大臣の伊藤達也さんなど多士済々だ。東京都知事の小池さん、愛媛県知事の中村時広さんもそうだ。

この衆院選で、戦後の日本の政治を規定してきた、自民、社会両党による「55年体制」が崩壊した。選挙前に分裂して勢力を減らした自民党は公示前の勢力をかろうじて維持したが、過半数には程遠かった。社会党は歴史的な惨敗。

その一方で、自民党から分かれてできた新党は、小沢一郎さんらの新生党が55人（19人増）、武村正義さんらの新党さきがけが13人（3人増）といずれも躍進した。日本新党をあわせて、既存政党以外の勢力が一定の数を握った。

この状況に小沢さんが動いた。キャスティングボートを握る日本新党、さきがけらを「非自民陣営」に引っ張り込み、非自民8党派の連立政権をつくり上げたのだ。自民党は議席数では第一党だったにもかかわらず、あえなく下野した。

日本新党の帰趨がまだ決まっていない7月22日、細川さんは小沢さんとニューオータニで会談している。その後、党に「議員総会を開いてほしい」と指示を出したという。この議員総会では、多くの議員が連立政権に入ることに反対した。入ったところで、細川さんは外務大臣あたりを引き受けさせられるだけだと、皆が思っていたからだ。風向きが変わったのはある質問だった。

「代表、連立政権に参加するということは、総理大臣の可能性もあるということですか」この問いかけに、細川さんは黙った。全員が悟った。日本新党は連立政権に参加することになり、非自民連立政権への道筋がひかれた。

8月5日、特別国会が開かれた。翌6日、細川さんが首班に指名された。38年続いた自民党政権が幕を下ろした。

「ヤマザキジュンコって誰ですか」

７月、細川さんらが衆院選に立候補したため、私は繰り上げ当選で参議院議員になった。この当選には、ちょっとしたエピソードがある。

新聞に私の当選を報じる数行の記事が出たのだが、「山崎順子氏が繰り上げ当選」と書かれているだけで、友人知人の誰一人、私が参議院議員になったと気づいた人はいなかったのである。日本新党関係者も。細川さんですら、「このヤマザキジュンコって誰ですか」と事務局長だった永田良三さんに聞いたという。

山崎順子は私の本名だ。「順子」と書いて「ヨリコ」と読むのだが、子どもの頃から「ジュンコ」と読まれることが多いため、１９７９年に初めての単行本を出す時、ペンネームを考えて円（マドカ）より子とした。「山﨑」は別れた夫の名字だった。

選挙は通称名が使えるので、日本新党の参院選比例名簿では「７位・円より子」と出してもらえたのだが、国会では本名しか使えない。調べてみると、衆議院では「不破哲三さん」が通称使用を許されていると分かった。参議院ではなぜダメなのか。私は「通称使用許可願い」を出し、書式も整え、議長に会いに行った。

当時の議長は原文兵衛さん。「確かに参議院だけ通称使用をさせないというのもおかしいですね」とおっしゃる。ところが、同席していた事務総長が「参議院は衆議院と違って、権威を重んじます」

筆者（中央）の参議院当選の祝いの会に駆けつけてくれた小池百合子さん（左）　高輪の日本新党ホールで

と異議を唱えた。「通称使用許可と権威が関係するのでしょうか」と問う私に「変なカタカナの名前は困る」と譲らず、「参議院は貴族院です」とも言う始末。当時の参議院にはコロンビア・トップさんなどがいて、そういう漫才師の名前もよくないというのだ。

それでも私は諦めなかった。扇千景さんや松あきらさんらを巻きこみ、１９９７年６月に通称使用が許可された。ただ、１９９３年からそれまでの約４年間、私の国会活動は議事録も含めてすべて山﨑順子が「主語」になっている。

その人のアイデンティティーとからむだけに名前は大切である。結婚すると名字がかわる女性は、おそらく名前の問題に男性より敏感だ。通称使用許可が、扇さんや松さんら女性議員の後押しもあって実現した背景には、それもあったかもしれない。

女性の再就職時の年齢制限をめぐって

話を戻す。

細川代表は首相になると、日本新党の議員は官邸には来ないようにと指示を出した。内閣を支えていこうと奮い立っていたのに、官邸に来るなと言われた日本新党の議員たちは、親に捨てられた気分だったろう。

細川政権は8党会派の連立である。勢い、運営は綱渡りになる。自分の党は常に最後という姿勢を見せないと、連立がもたない。みんなまだ一年生だから、政府より党をしっかり支えてほしい。細川代表にすれば、そんな思いだったのだろうが、釈然としない思いを抱いた日本新党の議員は少なくなかったと思う。

参議院議員になった私は党本部ではなく国会で仕事をすることになった。地方行政委員会の委員となった私の記念すべき初質問は、「女性の再就職時の年齢制限の撤廃」だった。夫の暴力や浮気などで女性が離婚に踏み切ろうとしても、求人情報には「30才まで」といった年齢制限がある。出産などで仕事をやめた場合も、女性が正社員になる道はほぼ閉ざされていた。

アメリカでは1968年に年齢差別禁止法ができていた。日本は終身雇用制が主流なので、年齢が高いとそれなりの報酬を出さなければと考える使用者側の理屈があるのだろうが、政府や地方自治体までもが年齢差別に加担しているのは、どうしても納得できなかった。

憲法14条には「すべての国民は法の下に平等」とある。22条では「職業選択の自由」が保障され、27条では勤労の権利と義務が明記されている。年齢が高いとか、子どもがいるとかいった理由で、職業選択の自由が窓口のところで奪われていいはずはない。

当時、教師の再就職時の試験で年齢差別を撤廃していたのは、富山県など4県に過ぎなかった。私のところには、「子どもを育て、保育について理解が深まってきたのに、公立の保育園の保母にはなれない」「まだ30才なのに年齢制限で試験すら受けさせてもらえない」といった声が届いていた。地方行政委員会で自治大臣に質問するにはかっこうの事案だった。

事前に、厚生省、労働省、文部省の担当者に、各地域で教員と保育士の年齢制限が何歳に設定されているのか尋ねた。保育士は厚生省、教員は文部省の管轄だが、両省とも「地方自治体が決めることで、私たちは関与してません」とケンもほろろ。一年生議員のいうことなど、官僚は聞く耳を持たないのだ。

秘書たちと手分けして、県、政令都市、中核市などをリストアップして電話をかけ、出てきた平均値は、教員が35才、保育士はなんと27才。これを踏まえ、地方行政委員会で私は年齢制限を撤廃すべきではないかと質問した。再就職時には採用上限年齢がネックになる。能力もある、経験もある人が年齢制限で試験も受けられないのは、人生のやり直しを阻むだけでなく、社会にとっても損失で、成熟社会に逆行していると訴えたのだ。

佐藤観樹自治大臣（当時）は、高齢化が急速に進むなか、中高年のマンパワーも必要になるとは言ったが、結婚や出産で退職せざるを得ず、再就職したいという女性たちの苦悩には思い及ばないようだった。公務員部長は一定の年齢制限は妥当としか答えず、これも女性の立場への理解に程遠いものだった。

その後、バブルがはじけ、銀行の貸し渋りや貸し剥がしによって倒産が激増。中高年男性の自殺や失業が増え、50代男性の再就職が大きな課題になって初めて、年齢差別が問題となり、求人情報から年齢制限が消えることになった。社会課題が男性にかかわる問題になってようやく政治が動く。それがこの国の実態なのだ。

銀行への公的資金注入を具申した中山素平さん

どの新聞にも首相の一日の動向を記す記事がある。朝日新聞だと「首相動静」。首相がどんな人に会ったかが克明に記録されている。だが１９９３年末のその日、私が中山素平さん、久水宏之さんらとともに、関西の某銀行が危機にあるという情報を携え、細川首相に会いにいったという記述はない。人目を忍んで首相に会いに行ったわけは、銀行に対して公的資金の注入を具申するためだった。日本経済が緊急の対策を要する未曾有の事態にあること。タイミングを失すれば、失業の増大、連鎖的倒産、景気の底割れは避けがたく、消費の低迷や資産デフレの悪循環が進行する。だからこそ、すみやかに銀行に公的資金を投入すべきだ、という内容だった。

１９９３年末といえば、細川首相が政権の最大課題に掲げていた政治改革の年内成立が難しくなった時期だ。ウルグアイ・ラウンド（ガットの新多角的貿易交渉）にからみ、首相が「コメ市場の部分開放」を決断したのを受け、日本中から非難の声が上がってもいた。考えなければいけないことが山積していたせいだろう。首相は「未曽有の金融危機」という私たちの説明を、すんなりとは受け入れられない様子だった。

金融危機には前例がある。１９６４（昭和39）年から１９６５年にかけて大手証券各社が軒並み赤字となった、世に言う証券不況だ。当時、日銀は公定歩合を1％以上も下げたが、効果はない。1965年5月、政府は不況拡大を防ぐため、取りつけ騒ぎをおこした山一證券への日銀特融を決めた。7月には戦後初めて赤字国債も発行した。株価はようやく上昇し、昭和恐慌の再来を未然に防げた。田中角栄大蔵大臣（当時）の決断だった。

この〝故事〟を踏まえ、中山素平さんは細川首相に言った。「角さんの時は、銀行も経済界もついてきてくれましたが、今はどこも体力がない。総理のあなたが一人でやらなければなりません」。困った細川さんは、大蔵省の寺村信行銀行局長に問い合わせた。

「現在の不良債権の額を大蔵省は把握してますか？　関西のほうの銀行が危ないという話もありますす」という細川首相に、寺村局長は「銀行は大丈夫です。不良債権も12兆5千億ほど。たいしたことありません」と答えた。

バブルの絶頂期には日本に名目で2千兆円の不動産と金融資産があったのだが、バブル崩壊で半分の1千兆円になっていることを、中山さんたちは気づいていた。だからこそ、早めの処理が必要と言いにきたのだ。処理に相当な額がいると感じていたのに、大蔵省にたいしたことはない、と言われてしまった。

当時、ゴールドマンサックスにいたアナリストのデービッド・アトキンソン氏は、バブル崩壊後の銀行に眠る巨額の不良債権を指摘し、2百兆円の資金投入が必要だというレポートをその後、出している。中山さんたちが、莫大な不良債権の処理が早急に必要だと察知したのは先見の明があった。

惜しむらくは、損失の総額を把握できていなかった。細川首相から「どのくらいの資金投入が必要ですか？」と聞かれ、中山さんははっきりとは答えられなかった。総額が分からなければ、首相も決断のしようがない。

その後の莫大な公的資金の投入と、それをもってしても金融崩壊をとめられなかった現実をみるにつけ、１９９３年のあの時、細川さんが公的資金注入を決断していたら、平成日本の経済の停滞は防げたのではないか。歴史に「ｉｆ」（もし）はないと分かってはいるものの、悔やまれてならない。

日本新党は解党、「スクール」は継続

ところで、１９９３年衆院選が終わった後、始まったばかりの「女性のための政治スクール」は埼玉県武蔵嵐山の国立女性教育会館で泊まりがけの合宿を実施。衆参両院の国会議員と東京都議による「女性と政治」のシンポジウムや細川夫人佳代子さんの講演を行った。合宿の直前には、細川さんが首相に指名され、佳代子さんには首相夫人という肩書が加わっていた。

当時、東京以外にも熊本、名古屋、静岡にスクールの分校ができていた。名古屋は河村たかしさんが、静岡は牧野聖修さんがはじめたが、候補者として女性票を取りこみたい思惑もあり、衆院選中も女性たちを集めての大集会が行われた。

熊本校は、細川佳代子さんが女性議員を増やしたいと開校した。熊本は今でも県議会などの女性議員比率が全国ワースト３の、「女性は表に出るな」という声が強い土地柄だ。だからこそ、佳代子さん

は生徒集めに力を入れた。

当時、日本新党や細川政権の人気は高く、政治が変わるという空気が漂っていた。政治スクールは本校、各地の分校とも活気づき、「女性を政治の世界に」という意識は明らかに高まっていたと思う。

1994年初め、細川政権は政治改革関連法をなんとか成立させた。しかし、それを機に迷走を始め、4月25日に総辞職する。後継の羽田孜・非自民政権も2カ月で総辞職し、6月30日、自民党、社会党、新党さきがけが組んで、村山富市内閣が誕生した。自民党は1年もたたないうちに政権の座に戻った。

細川連立内閣の連立与党のうち、社会党とさきがけを除いた6党は、自民党に対抗するために大きな固まりをつくる必要に迫られ、この年の12月、新進党を結成する。合流するため、日本新党は12月9日に解党された。

「女性のための政治スクール」はどうするか。よりどころを失って不安だった私だが、スクールだけは一人でも続けようと覚悟を決めた。細川さんも、「スクールは超党派だし、円さんが作ったのだから、日本新党が解党しても、続けてください」と言ってくれた。

新進党の〝終わりの始まり〟だった1996年衆院選

翌1995（平成7）年、日本では大きな出来事が立て続けに起こり、参議院議員の私は対応に追われた。1月に阪神・淡路大震災、3月には東京で地下鉄サリン事件があり、危機対応が問われた。7

月には参院選がおこなわれ、新進党が躍進した。

年末には、住宅専門貸付会社の巨額の不良債権処理のため、6850億円の公的資金を投入すると政府が決めたことが政治問題化した。発端は1995年末の参議院決算委員会だった。臨時国会は終わっていたが、野党筆頭理事だった私は閉会中審査を求め、村山富市総理、武村正義大蔵大臣を相手にこの問題を追及した。

年明けの通常国会で引き続き追及しようと手ぐすねを引いていたが、村山内閣は1月11日に突如退陣。自民党総裁の橋本龍太郎氏を首班とする政権が、同じ自社さの枠組みでスタートした。新進党は住専問題の追及を続け、予算委員会室の前でピケを張るなど、大反対戦術を展開する。小沢一郎党首を先頭に大規模なデモも繰り広げた。

住専問題を追及するために小沢一郎党首（前列右から3人目。右隣が筆者）を先頭に大規模なデモも行われた　1996年2月

デモには執行部のご夫人方にまで動員がかかった。小沢夫人とも初めてお会いし、「写真を撮られたくないから、カメラマンから守って」と頼まれたのを覚えている。

10月には、衆議院に小選挙区比例代表並立制が導入されて初めての衆院選が行われたが、これは新進党の〝終わりの始まり〟になった選挙だったかもしれない。党首の小沢一郎さんが、例外を除いて比例区との重複立候補を許さなかったから、多くの候補者が比例で復活できずに落選した。後に首相になる野田佳彦さんも、小選挙区で敗れて落選したが、そういう現職候補者がかなりいた。

こうした怨念に、前年の党首選で小沢さんと羽田孜さんが激突したしこりもあり、衆院選から2カ月後、羽田さんらが離党して太陽党を結成する。細川護熙さんも翌1997年6月に離党した。

私も細川さんの後を追って離党する。離党届けを受理した西岡武夫幹事長には「小沢の悪口ばかり言って離党する人間が後を絶たない中で、政策の違いということを理由に離党届けを出してくれてありがとう。私は嬉しい」と言われた。細川さんについていくと分かっていながら、こんな言い方をした西岡さん。その頃、本当に小沢さんには敵が多かったから、党をまとめなくてはいけない幹事長の苦労は並大抵のものではなかっただろう。

自民党による引き抜き工作もあり、新進党は難破寸前だった。親しかった先輩、同輩に離党の挨拶にいくと、「新進党がなくなりそうだ」とみんな青い顔をしていた。97年末、小沢さんと鹿野道彦さんとの一騎討ちの党首選が行われ、勝った小沢さんは新進党を解党。この後、小沢さんは自由党を結成。党首選で敗れた鹿野さんは「国民の声」を結党して党首になった。民社系は「新党友愛」、公明系は「新党平和」をそれぞれ立ち上げ、新進党は四分五裂してしまった。

新進党は男の政党?!

私が新進党に在籍していたころ、「女性のための政治スクール」の運営は大変だった。女性たちは日本新党贔屓の人が多く、細川さんが合流したとはいえ、新進党を応援したいという人は少なかったからだ。スクール生たちに聞くと、「新進党は男の政党に見えて近寄り難い」ようだった。生徒は毎年募集するのだが、生徒がなかなか集まらない。「スクールは超党派です」と言っても、顧問の細川さんも事務局長の私も新進党の国会議員なので、どうしても新進党寄りに見えてしまうのだろう。それが応募者減につながっているようにみえた。

「なぜ男の政党に見えるの」と訊くと、「小沢さん、二階俊博さんがいるし、女性が少ないから」と言う。確かに、当時の新進党は218人の大所帯で、女性議員は18人、およそ8％である。でも、日本新党だって、女性はそんなにいなかったはず。

さらに訊くと、「女性といっても、小池百合子さんや高市早苗さん、扇千景さんでしょ。あの人たちは私たち女性の代表に見えない。女性の顔した男の政治家よね」と言う。「小沢さんも二階さんも夫婦別姓に賛成だし、非嫡出子の差別には反対よ」と言うと、えっ、と驚くスクール生が多かった。

新進党が女性たちにあまり人気がなく、スクールの募集にも人が集まらなかったのは、権力闘争とゴタゴタぶりが目に余ったこともあるだろう。

選択的夫婦別姓法案をめぐって

新進党時代、女性たちの関心を呼んだのは、なんといっても、選択的夫婦別姓問題だった。

1996年2月、法制審議会が法務省に選択的夫婦別姓を国会で審議すべきと答申したにもかかわらず、自民党の反対を受け、審議にもあげられなかった。長い間、この法律を待っていた人たちは、法務大臣の諮問機関である法制審議会が決めたことを立法府が無視することに憤った。新進党で人権部会の会長をしていた私は、選択的夫婦別姓と嫡出子と非嫡出子の差別をなくす法案を、党の議員立法で国会に提出して審議させようと考え、部会にかけた。

そもそも、なぜ夫婦別姓がいけないのか。それも強制ではない。選択制である。嫡出子と非嫡出子の差別も、子どもにはなんの罪もないのに、差別されるのはおかしい。そうした意見が多数だったが、党内には西村慎吾さん、中井洽さんら強力な反対者がいて、話が進まない。

困り果てて、小沢さんと二階さんのもとへ相談に行くと、2人ともどちらの法案にも賛成だと言ってくれた。すると翌日、あれだけ強硬だった中井さん、西村さんが、「個人的には反対だが、部会として出すのは反対しない」と言ってきた。政策も大事だが、政治にはなによりもまとめ上げる力、「うん」と言わせる力が必要で、小沢さんにはそういう力があるのだと痛感した。

党の総務会も通り、いよいよ参議院で法案を出せると安堵したのも束の間、今度は扇千景参議院会長（後に自民党に行き、参議院議長をつとめる）が反対だという。党の最高意志決定機関である総務会で決定したのに、参議院で議員立法を出すことはまかりならぬと言うのは筋が通らない。

面倒見のいい〝お姉様〟で仲も良かった扇さんだが、喧嘩になっても彼女を説得するという私を止め、預からせてほしいと言ったのは公明党系の白浜一良参議院議員だった。公明党はこの頃、新進党に合流して同じ党になっていた。

白浜氏と神崎武法総務会長の尽力で国会に提出はできたものの、今度は法務委員会におろしてもらえない。数の多い自民党が反対すると、議員立法はつるされたまま、委員会で審議もされないのだ。法案を「おろす」「つるす」といった言葉にも違和感をもったが、なにより「女・子ども」のことは後回しとなるのが解せなかった。

総務会での決定時もそうだった。総務会長以下、執行部が並ぶ会議の場に、各部会長が部会で決定した法案などを認めてもらえるよう資料を携えて参加するのだが、女性は私だけだったような気がする。

案件が次々と処理され、終了予定まであと3分という時、神崎会長が「人権部会長の円さんに来てもらってますが、次回にさせてください。役員会が始まるので」と言う。えっと思った私は立ち上がって発言した。

「この選択的夫婦別姓法案を待ち望んでいる女性も多いなか、自民党は大反対、ここで議員立法も出せないとなると、新進党よ、お前もかと思われますよ。選挙が近い中、女性たちを敵にまわすのは良策と思えません。すぐさま決めてください」

神崎さんが「皆さん、いかがですか」と言うと、あちこちから賛成と手があがり、説明も何もなしで、「では、議員立法を出すことに決しました」となったのである。

結局、委員会で審議されないまま、廃案になったが、新進党が議員立法で夫婦別姓法案をつくったことには意義があったと思う。法案はその後、民主党にも引き継がれた。ただ、残念ながら、四半世紀が経ってもまだ、別姓制度は実現していない。

新しい民主党の結成と細川さんの議員辞職

1997年の末、細川さんは「フロムファイブ」を結成した。参加したのは、細川、樽床伸二、江本孟紀、上田清、円より子の5人。初めて5人で集まったとき、「党名どうしましょうね」と細川さん。「ノルウェー語でフラムというのは出発という意味で、バイキングが荒海に乗り出す感じ。そんな名前も面白い」と私が言うと、「英語のフロムと同じ語源なら、5人だからフロムファイブか」と樽床さん。なんとなくフロムファイブに決まってしまった。

細川さんは、言葉遣いや文章に一家言を持っている。その人があっさり、思いつきで口にした党名を了承した。細川さんはこの党にこだわっていないと直観した。

案の定、フロムファイブは何回か会合を持っただけで翌年1月に解散。太陽党（羽田党首）、国民の声（鹿野道彦党首）、フロムファイブ（細川代表）の3党が合流して民政党を結成した。民政党もわずか3カ月の命となるのだが、私には聞くこと見ること、すべて面白かった。長い議員歴を持つ〝強者〟が大勢いたからだ。細川さん、羽田さん、鹿野さんはもちろん、太陽党からきた奥田敬和さん、畑英次郎さん、熊谷弘さんなどいぶし銀のようなベテラン議員が目白押しだった。

彼らと日本新党の議員を比べると、まさしく大人と子ども。ある日、会議の後に野田内閣の官房長官になった藤村修さん、厚生分野で活躍し残念ながらガンで死去した山本孝史さん、日本新党ではなかったが民主党代表にもなった岡田克也さんらが長々と議論をしていると、奥田さんが一喝した。

「君たちはよくまあ、いつも黙って聞いていれば、ピーチクパーチク、くだらない議論をするものだ。仮にも国会議員だろ。ここは小学校の学級委員会じゃないんだぞ」。その場がシーンとしたのはいうまでもない。奥田さんは背も低く、痩せていて、押し出しがきくタイプではないが、威厳があり、有無を言わせぬ迫力があった。

1998年4月27日、民政党は鳩山由紀夫さん、菅直人さんの旧民主党と合併し、新しい民主党ができた。鳩山、菅、羽田さんが新党の執行部として名前を呼ばれて壇上にあがる。だが、細川さんは呼ばれない。細川さんがこの新党を創るのに精魂かたむけたことを知っている私には解せなかった。

なぜ、細川さんは執行部に入らないのか。結成大会後のパーティーで、入り口近くに一人で立つ細川さんを見つけた私は、「もっと前へ行きましょう」と声をかけたが、「私はここでいいんですよ」と言う。

その前を民主党の議員が次々と通り過ぎる。日本新党で当選しながら、さきがけ、旧民主に移った人たちもいた。彼らはそれ以来、一度も細川さんに会っていなかったはずだ。枝野幸男さんら離党の挨拶すらせずに出て行った人たちは、細川さんを見て、いかにも気まずそうに軽く頭を下げ、足早に会場の奥に消えていった。

連合の笹森清会長の挨拶が終わると、細川さんは会場を後にした。私も会場を出て遅い夕食をとっていると、細川さんから携帯に電話がきた。六本木で飲んでいるという。「来ませんか」というので飛んでいった。

「民主党を船出させることができて安堵しました」。細川さんの声は穏やかだった。細川さんは「殿」と呼ばれ、上品で静かな物言いをすると思っている人もいるが、長年細川さんに接している私などには、激しい気性がべらんめえ口調に出て、内輪でしか見せない顔を見せる。民主党での扱いに怒っているかと思いきや、そんな様子はまるでない。

「あれで良かったんですよ。私の役割は民主党をつくるまでで、もう身を引くことに決めたんですから」。にぶい私はその時の細川さんの言葉を、民主党の執行部には入らないというぐらいにしか考えていなかった。

3日後の4月30日、細川事務所から「ホテルオークラで細川が待っている」と連絡が入った。慌てて行くと、樽床さんも来た。「おふたりには、マスコミが騒ぐ前にお話ししておこうと思ったのに、もう漏れてしまったみたいですね」と笑う細川さん。細川さんは議員を辞職したのだった。

民主党は蜂の巣をつついたような騒ぎだった。無責任だと怒っている人もいた。船出したばかりの新党に水を刺すと思ったのだろう。しかも2カ月後には参院選がある。選挙に不安を抱く人は少なくなかった。

私は、新進党を離党した時から、次の参院選は勝てなくてもいい、細川さんと行動をともにできれば本望だと思っていたから、フロムファイブがすぐ解党し、民政党も解党しても驚かなかった。ただ、細川さんの辞職には、親に捨てられたような喪失感を抱いた。

「凄腕ですね、どんな手を使ったんですか」

当時、参院選の比例区からでる候補者の順位は党が決めていた。2001年からは比例の候補者も個人の名前を書いてもらい、その票数で当落が決まる選挙制度に変わるので、1998年は党が決める順位が当落を左右する最後の参院選だった。

6月のある日、鹿野道彦さんから「7人委員会のメンバーに挨拶に行ったほうがいい」と言われた。その委員会で順位を決めるからだ。これまでの活動記録や支援者の数などをデータ化してもらっていたものを一枚紙にまとめ、委員会の7人の議員に説明に行った。

「殿から言われているからわかってますよ」といったのは熊谷弘さん。「小宮山洋子さんを引っ張り出した人がいて、いやあ、困ったなあ」と畑英次郎さん。「今頃来たって遅いですよ」とは山花貞夫さん。「他の人はみな7人を接待したりいろいろやっているのに、紙一枚ですか」と言ったのは鳩山邦夫さん。まさに十人十色。

参院選公示前夜、支持者と宿舎の部屋で待機していると、夜12時近くになって、さる筋から8位に決まったらしいという報告が入った。誰もががっかりし、「比例なんか降りてしまえ」「東京選挙区から無所属で出るぞ」「細川代表に電話だ」と息巻く人もいた。細川さんの自宅に恐る恐る掛けると、娘さんが出た。もう休んでいる、とのことだった。

翌朝8時前、畑さんから電話が入った。「円さん、3位になりました。小宮山さんが1位で申し訳ないが、3位でも当選はできますから」と言う。すぐに細川さんに電話をした。「昨夜は8位だと言われたのに、なぜか3位で」と言うと、果報は寝て待てというでしょ、とご機嫌だった。

この日は選挙戦の初日。新宿に党代表や候補者が集まり、私も第一声を発することになっていた。15分前に着くと、鳩山由紀夫さんが「円さん、良かったですね、おめでとうございます」と優しく挨拶してくれた。街宣車の上にあがると鳩山邦夫さんがいて、こう言われた。「あなた、凄腕ですね、どんな手を使ったんですか」。

この参院選で民主党は27議席を得て、現有議席が47となった。自民党は17議席も減らす敗北を喫し、橋本首相は責任をとって退陣。小渕恵三氏が後を継いだ。

盗聴法の強行採決で国会初のフィリバスター

翌1999（平成11）年、20世紀最後の統一地方選では、「女性のための政治スクール」から多くの人が立候補したが、私はほとんど選挙の応援に行けなかった。参議院法務委員会の野党筆頭理事になっていたからだ。当時、法務委員会はいくつもの重要法案を抱えていた。児童買春・児童ポルノ禁止法、指紋押捺改正法案、そして盗聴法である。

なかでも、与野党が激しく対立したのは、盗聴法（正式名は「犯罪捜査のための通信傍受に関する法律」）だ。テロに関わるような人物を特定して捕らえ、テロを未然に防ぐためには傍受が必要だという。それだけを聞くと、反対することではないじゃないかと思う人もいるだろう。ただ、ことはそれほど単純ではない。

日本海側のある町にイスラムの人が長く住んでいて地域に溶け込んでいた。その人がテロにかかわっていたと疑われ、付き合っていた日本人たちが1カ月以上、携帯電話や家の固定電話が傍受された。結局、疑いは晴れ、傍受は終わった。

しかし、傍受された人たちはその事実を知らされず、家族や恋人、職場の仲間、友人との会話を1カ月以上全部聞かれていた。こんな気味の悪いことが公権力によって行われてはかなわない。テロを取り締まることも大事だが、市民のプライバシーはどうなる。これは反対しなければ。

数にまさる自民、公明の与党は成立を迫り、衆議院の法務委員会ではなす術もなく強行採決された。法案は参議院にまわってきた。法務委員会の野党筆頭理事だった私は、審議時間をできるだけ確保しようとしたが、それだけでは足りない。本気で阻止したいなら、民主党をあげて、盗聴法阻止の運動本部を立ち上げてほしいと、鳩山由紀夫さん、菅直人さんに直談判し、自ら運動本部長になり、国会や星稜会館などで毎夕、盗聴法阻止の会を開いた。

通常国会は2カ月も延長され、法務委員会の理事懇談会が1日に5回も6回も開かれるなど、異常な日々が続いた。

ついに参議院でも強行採決が行われる。法務委員長の解任決議案が提出され、私に解任決議案への賛成討論をしろとの指令が出る。衛士に引き摺り出されるまで演説をしてほしいと、北沢俊美国対委員長から言われた。

夕方から始まった本会議で賛成討論を開始。衛士が来る気配はなく、足が痛くなったのでヒールの靴を脱ぎ、裸足になった。与党から野次がひっきりなしに飛んだが、1時間以上経った時、野党の女性議員たちが立ち上がり、演台近くに詰めかけてくる。斎藤十朗議長が「皆さん、席にお戻りください」と言うが、男性議員たちまでもが立ちあがり、演説途中で本会議が休憩になった。前代未聞である。

演説している私のもとになぜ、野党の女性議員たちが詰め寄ったのか。自民党の保坂三蔵議員がセクハラ発言をし、女性たちが怒ったからだ。保坂議員は突如、「あんたも離婚したんだろ」と野次を飛ばしたらしい。近くで聞いた女性たちが、これは聞き捨てにならぬと、立ち上がったわけだ。

休憩中にそれを聞いた私は笑ってしまった。「離婚したんだろ」に私がひるむとでも思ったのか。演説を再開した私は、開口一番こう言った。

「まず、なぜ私の演説が中断されたのかを皆さまにご説明したいと思います。自民党の某議員が、あんたも離婚したんだろという、野次をとばされたと聞いております」。それから、きわめて冷静に、盗聴法とは何の関係もない野次であり、「あんた」という下品な呼ばれ方は私個人だけでなく、離婚女性すべてを貶める言葉であり、謝罪してほしいと述べた。

そもそも、離婚女性と子どもたちが困窮に陥っているのは、自民党の政策に問題があるからではないか。女性が結婚しても、子どもを産んでも働き続けることができ、男女の賃金、昇給昇進に差がない社会であれば、離婚してもシングルマザーとしてしっかり生きていける。野次をとばしたような人に見られる、離婚に対する偏見差別が、離婚家庭を苦しめているのだ——。

女性の生き方や政策について、それまで何十年と言い続けてきたことを、国会の場ではからずも披歴できた。有り難い野次のおかげである。

休憩を挟んで再開した私の演説は、合計3時間にも及び、国会史上初のフィリバスターとして記録された。

盗聴法は結局、成立した。私の疲労は大きかった。国会が閉会した後、1週間くらいぼうっと寝てばかりいた。そんな私のもとに、警察庁刑事局長が退任の挨拶に訪ねて来られた。盗聴法を早く成立させたかった側の人だ。

盗聴法を審議する参議院の法務委員会には与野党議員が詰めかけ騒然としていた。マイクを前に話しているのは筆者

「あの夜、私は本会議場の傍聴席で、一部始終を聞いていたんです。長い公務員生活の中で、国会対策の仕事もずいぶんしてきましたが、あの日の円先生の演説ほど感銘を受けたものはありませんでした。私たちはあの法律を使う立場ですが、70日以上もの長い日々を頑張られ、また、あんなに人の心をうつ演説をされたことで、私たち警察は心して、慎重にこの法律を使わざるを得なくなりました。このことを申し上げたくて、退任の挨拶にかこつけて、伺わせていただきました」

刑事局長のこの言葉に、野党議員冥利に尽きると思った。盗聴法に反対したことは無駄ではなかったのか、少しは歯止めになるのかと、落ち込んでいた気持ちが和らいだ。そうでなければ、野党の議員などやってられない。ただの反対ではない。効果のある反対を誠心誠意、国民を代表してやるのが野党なのだ。

女性初の国対委員長代理に

その年の秋の臨時国会で、私は国対委員長代理を任命された。法務委員会理事として盗聴法の攻防で奮闘したということで、北澤国対委員長から委員長代理を引き受けてほしいと言われたのだ。国対副委員長もしたことがないのに、代理が務まるだろうか……。不安を感じた私に北澤さんは言った。

——あなたの理事懇談会の報告はうそ偽りなく正確だった。これは組織を運営していくうえでとても貴重なんだ。国会も党も、正確な判断をしないと間違った運営になる。失敗のないように判断するには正確な情報がいる。73日間、あなたの報告は常に正確で、私も間違った判断をしないですんだ。

代理に抜擢する理由は、女にしておくには惜しい胆力・度胸があるということらしいが、これにはひっかかった。「胆力や度胸」は女にはないということ？　彼らの〝辞書〟では、それって男のものらしい。

私は国対という仕事に悪いイメージを持っていた。55年体制の時代、重要法案が社会党の反対でなかなか通らないと、麻雀で自民党議員が100万円負けると、2、3日で法案が通る。20万円ぐらいの負けだと、1週間かかるなどとまことしやかに言われていたと、人づてで聞いていたからだ。

細川さんに相談すると受けた方がいいと。「国対廃止と言ってらしたでしょ」と問うと、「昔の料亭政治のような国対はやめたほうがいい。でも、国対は交渉術が鍛えられるし、情報も入る、人脈ができる。ただの副委員長と違って、委員長の代行だから引き受けなさい。必ずその経験はあなたを大きくしますよ」と言う。

励まされた私は、それまで女性が就いたことがなかった国対委員長代理に就任した。翌2000年の通常国会からは予算委員会筆頭理事にも就任したから、忙しさは半端ではなかった。朝、国会に行くとまず、登院のボタンを押す。7時台だったので一番乗りだと思いきや、必ず私より先にボタンを押している人がいた。官房長官の青木幹雄さんだった。青木さんは2023年6月11日に死去したが、彼もまたいぶし銀のような政治家だった。

脳梗塞で退陣した小渕首相と失言だらけの森首相

2000年4月2日、小渕首相が脳梗塞で入院した。自民党は自由党、公明党と連立を組んでいたが、小沢さんが率いる自由党が政権離脱を切り出したのがきっかけで、小渕さんは倒れたと言われている。

小渕さんは、平成という元号を官房長官として発表し、「平成おじさん」として知られていた。発足直後は「冷めたピザ」などと言われ支持も低かった小渕政権だったが、宮沢元首相を大蔵大臣に起用するなど経済政策に注力、自由党、公明党との連立で政権基盤も固めて支持率が上昇、長期政権も視野に入っていた。

小渕さんは倒れる前日、介護保険施行のセレモニーに参加していた。1997年に成立、2000年に施行された介護保険法は、女性たちにとって念願の法律だった。小渕さんは同席していた丹羽雄哉厚労大臣に、「この頃、言葉が出てこなくてね」とつぶやいたらしい。

心労が重なるなか、脳梗塞の予兆はあったのだ。それでも、休養は許されない。首相というのは、ほんとうに激職だと思う。

入院した小渕さんの後を継いで首相になったのは森喜朗氏だ。だが、「5人組」による〝密室協議〟で誕生したといわれたり、失言があったりで、人気はいまひとつ。失言のひとつ、「寝ていてくれ発言」が問題化したのは2000年6月衆院選の前。森首相の次のような発言がきっかけだった。

――どうせ自民党には入れてくれないんだろうから、関心のない人は投票に行かず、寝ていてくれればいいんだが、そうもいかないでしょうね。

これが「無党派層は寝ていてくれればいい」と大々的に報道された。棄権を勧めたり、低投票率を期待したりするのは、政治家、それも一国の首相が口にすることではない。ただ、フェミニズムやジェンダー平等を目指す人には叱られそうだが、森さんは人情味もあるし、女性にも優しい人だ。失言はしないが、腹の中では女性を蔑視している政治家を多く見ているので、素直すぎる森さんのような人をあまり叩く気になれない。野党にとっても、女性にとっても、それこそ格好の餌食になってくれる人で、むしろお礼を言いたいくらいだ。

この発言に加え、「神の国発言」もあってか、この衆院選で自民党は議席を38減らして、単独過半数を割った。自由党から分かれて与党に残っていた扇千景さんが党首をつとめた保守党も26議席から7議席まで減らす大惨敗を喫した。保守党はその後、保守新党を経て、自民党に合流した。

挫折した「加藤の乱」と小泉政権の誕生

大惨敗の保守党で生き残った一人が、現東京都知事の小池百合子さんだ。彼女とは日本新党の同僚だった。新進党解党後、与野党に分かれて、共に活動することはなくなったが、女性初の防衛大臣をつとめたり、女性初の都知事になったりと、華々しい活躍ぶりだ。それだけに、権力のために男を渡り歩くなどと非難もされた。男性の政治家だったら浴びないですむ非難ではないだろうか。

パフォーマンスだけの政治家とも揶揄されるが、確かにパフォーマンスは上手いが、それだけではない。勘がいいし、度胸もあり、なにより努力の人である。エピソードには事欠かないが、日本新党解党にあたり、企画調整本部長（他党の幹事長にあたる）に日本新党を預からせてほしいと懇願したことは、今も鮮明に覚えている。

本部長は度胸を買ったが、党を引き受けるとは、資金面でも自分がしょって立つということだよ、と彼女を諭した。小池さんは、まずは細川さんが背負っている10億円の借金を返そうと、「少し待ってくれ」と言い残して、10億円を出してくれそうなところに掛け合いに行った。

この件に尾ひれがついて、「細川さんが10億で日本新党を売りに出した」などとメディアに書かれたが、真相は小池さんがなんとか日本新党を残したい、自分が後を継ぎたいと考えたことから発したものだ。

政治の世界だけではないが、未踏の分野を切り拓いていく女性には、常に男性から、さらに女性からも抵抗と非難がある。裏を返せば、それにめげることなく突き進む女性たちこそが時代を拓くのだ。

2000年11月、低迷する森政権の打倒を目指し、野党からではなく、与党内から倒閣運動が起きた。野党の内閣不信任案に、加藤紘一さんが賛成する姿勢を示し、山崎拓さんも呼応する動きを見せたのだ。いわゆる「加藤の乱」である。

衆議院で、与党は272人の多数を占めるが、自民党の加藤派45人と山崎派19人の全員が造反すれば内閣不信任案は可決される。1994年に宮沢内閣の不信任案が可決されたのも、小沢一郎さんら自民党内部の造反があったからだ。それが、55年体制を終わらせる契機となった。すわ、その再来か？

しかし、加藤の乱は失敗した。当時、広がり初めていたネット上では、加藤氏を支持する声が強かったが、それを世論と読み違え、自民党内を揺さぶることに失敗したのが敗因だった。とはいえ、これで森政権の凋落に拍車がかかり、2001年春には退陣。「YKKトリオ」と呼ばれ、次世代のリーダー候補だった加藤紘一（K）、山崎拓（Y）の両氏が傷つくなか、もう一人の小泉純一郎（K）さんがリアルな世論の支持を受け、4月の総裁選で自民党総裁の座を射止める。5年半に及ぶ小泉政権がスタートした。

9・11とテロ特措法の顚末

２００１（平成13）年9月11日のあの映像は今も脳裏から消えない。

森政権から小泉政権へと交代した通常国会、東京都議選と参院選と多忙な日々を終え、私は全国各地での講演や党大会などがあったが、それなりに平穏な日常に戻っていた。

その日、朝から新聞社やテレビ局の取材をこなし、事務所でたまっていた資料を読み、手紙の返事をすませて、久しぶりに友人たちとの楽しい会話と食事の余韻に浸って帰宅してテレビをつけると、驚きのニュースが流れていた。

ニューヨークのワールドトレードセンター北棟に飛行機が突入し、黒煙があがっている。ハイジャックされた飛行機だという。画面を食い入るように見ていると隣の南棟にも別の機が突入。南棟と北棟が相次いで崩落した。私は朝の4時半までテレビから離れられなかった。

同時多発テロ事件にアメリカがどう動くか。日本もそれに巻き込まれるかもしれない。犠牲になった人を悼みながらも、今後が気になって仕方なかった。

時のアメリカ大統領はブッシュジュニア。小泉首相は報復を宣言したブッシュ大統領に支持を表明。間髪入れず、テロ対策特別措置法案（テロ特措法）を提出した。

民主党も野党ながらテロ特措法に賛成に傾いていた。私はその時、参議院の政審会長だったが、テロに武力で報復することがテロの撲滅になるか疑問だったし、国会の事前承認のない法案に危うさを感じ、反対活動を行うことにした。国会前や有楽町、渋谷等で反対の街宣活動をするのは、賛成と言っている党への反党行為になる。参議院執行部に政審会長の辞表を出した。

私への風当たりは強かった。後に大臣になった参議院議員は、役員会に遅れて出席した私に、「党を乱すような女は出てくるな。重要な話し合いの席にお前は邪魔だ」と声を張り上げた。盗聴法の時も、廃案にしようと動いていた私に、「何を一人で力んでいるのか。すでに上層部は自民党とにぎっているのにバカじゃないか。この法案は必要なんだよ」と言い放った人である。

ことごとく私の考えにいらだち、活動に腹を立てているらしいが、役員会でこの言いざまはない。言い合いになった。

――失礼じゃないですか。意見と立場が違うからってその態度はないでしょ。謝りなさい。

――あんたと顔あわすのも嫌なんだよ。正義面して。政審会長は党の執行部じゃないか。党と意見が違うならさっさと辞めろ。役員会に出る資格などないと今、抗議していたんだよ。

――すでに一週間前に会長に辞表を提出しております。受理していただいたら、役員会に出ることはありませんし、あなたも、お里が知られるような暴言を吐かれないでもすんだのに。失礼します。

応援団もいた。亡くなられた江田五月さんもその一人だった。同時に出されていた自衛隊法の改正案には問題が多いので参議院で修正案を出した方がいいと提案してくれて、２人で法制局をよんで準備もしていた。

孤立無援で反対しても駄目なので、反対派を増やし、大橋巨泉さんの名前を借りメディアに回状をまわし、大々的な反対集会も開催した。こうしたことが、効いたのかどうかはわからないが、党内でも反対派が増え、ついに国会の事前承認なしのテロ特措法には反対という意思を明確にした。

ただ、政府は強硬だった。10月5日に法案を提出、29日に成立させ、11月9日には海上自衛隊の艦船3隻がインド洋に出立するという急ピッチの展開だった。

104歳で亡くなった加藤シヅエさんのこと

この年の暮れ、「女性のための政治スクール」の名誉校長である加藤シヅエさんが亡くなった。104歳だった。100歳の時はまだまだお元気で、スクール主催のお祝い会に車椅子で出席。私と「女性と平和」について語りあったのだが……。

戦争中も権力に迎合せず、信念を貫いたシヅエさんは、男たちの権力欲や所有欲がもたらす戦争の愚かさに怒り、太平洋戦争で日本は負けると確信していたと言う。

17歳で結婚したシヅエさんは、三井鉱山に入社していた夫と共に九州の三池炭鉱に赴くが、そこで見た炭鉱に生きる人々の生活の現実は、豊かに育った2人には想像を絶する悲惨なものだった。

「男だけでなく、女も炭鉱にもぐって真っ黒になって働き、戻ってくると土間にむしろを敷いただけの掘立て小屋のような家で、かまどに薪をくべて飯を炊くという生活。子どもが腹減ったと泣くとね、待っててねじゃなくて、このガキと、薪で叩こうとするのよ。母性っていうのはね、日々生きることが極限状況の時には出てこないのよ」

この時の体験が、子だくさんの貧困家庭の多さをなんとかしなければとの考えに至り、十分に食べていけることの保障など非人間的な生活の改善と同時に、産児制限を求める活動へと繋がっていく。

その後、再婚した加藤勘十の思想にも共鳴する。勘十は10歳から丁稚奉公に出て、様々な仕事をしながら苦学し、二度、「赤紙」で召集され、軍隊生活やシベリア出兵を体験するなかで、反戦の士となっていく。「戦争は一人の人間の人生を強奪する」「戦争は人類にとって罪悪である」という信念を貫いた人だ。

1936年衆院選で初当選。翌年、日本無産党委員長に就任するが、人民戦線事件に連座し投獄されている。1945年、日本社会党結成に参加。その前の年、再婚した2人は1946年の戦後初の衆議院議員選挙に夫婦で当選。1948年の芦田均内閣に勘十は労働大臣として入閣した。

シヅエさんの葬儀には、小沢一郎さん、羽田孜さん、江田五月さんも列席した。

都知事選で石原氏に挑んだ「平和ボケ婆さん」

2003年3月、ブッシュ・米大統領はイラクに開戦した。ドイツ、フランス、ロシア、中国は、軍事力行使に否定的で、「アメリカのイラク攻撃に正当性はない」と批判した。アメリカがイラクにあるといった大量破壊兵器はなく、バグダッドの400万とも500万ともいわれた人たちが犠牲になった。大半は戦闘員ではない女性、子ども、高齢者だった。

イラク開戦から1週間後、東京では都知事選が告示された。私は菅直人代表のもと民主党の副代表になっていた。

菅さんは不戦敗だけは避けたいと、女性の候補者を探してほしいと要請してきた。相手は現職の都知事石原慎太郎さん。20年以上の付き合いがある評論家の樋口恵子さんに連絡すると、「決めるまで絶対漏れないようにしてね」とまんざらでもない感触。菅さんとだけやりとりをして樋口さんとの電話会談を重ね、ついに承諾を得た。

安堵の表情で当選の喜びを語る筆者
2004年7月12日、新宿区の事務所で

都知事選で樋口さんは「平和ボケ婆さん」を自称し、「平和な国、安心の福祉の東京を」と訴えた。さすが長年、女性問題を追求してきた樋口さんである。全国から浄財が集まり、ボランティアも押しかけた。私も井の頭公園を菅さん、樋口さんとまわったり、事務所の雑務や政策作りを手伝ったりした。赤松良子さん、住田裕子さんとは毎晩、選対会議後に夜食を食べたし、落合恵子さんらと共に電話かけもした。

投票日直前にバクダッドが陥落。選挙は石原慎太郎さんの大勝利に終わった。もう少し早くから準備をしていればと悔やまれたし、樋口さんにしてみれば不本意だっただろうが、良い闘いだったと思う。

翌２００４年7月の参院選は、私にとって3回目の選挙だった。比例区の順位を党が事前に決めていた従来の「拘束名簿方式」から、比例候補でも氏名を書いてもらい、得票数の順番で当選するという「非拘束名簿方式」に変わっていた。

自民党の比例区候補が順位を「金で買っている」と問題になり、自民党が問題をすり替えて事前に順位が決まらない「非拘束名簿方式」を提案、野党は大反対運動を繰り広げたが、成立してしまった。これは比例区候補にとっては残酷な制度であった。

まず、比例候補はポスターを貼る公営掲示板がない。選挙区は全国である。よほどの組織が全国的になければ、立候補していることを有権者に知ってもらうのは難しい。

SNSはまだ一般的でなく、私は年に4回、国会報告のような形でレポートを支持者1万人に郵送していたが、郵送費は半端じゃない。10万人に増やしたら、郵送にかかる人件費、印刷費、郵送代は莫大になる。それでいて10万人がすべて私に投票してくれたとしても、当選できない。

さらにやっかいなのは、有権者の多くが新しい方式を知らなかったことだった。投票所では、最初に選挙区の投票用紙をもらい、その都道府県の立候補者の名前を書く。2枚目の投票用紙が比例候補のもので、政党名または候補者名を書くように言われるのだが、これが分からない有権者が多かった。

選挙後、多くの人に「円さん、当選して良かった」「入れてきたよ」と言われたが、よく聞いてみると、ほとんどの人が投票用紙に「民主党」と書いていた。もちろん、それは党の比例票になり、党の当選者は増えるが、直接私の票になるわけではない。

テレビで顔が売れていたり、メディアで比例候補として大々的に取り上げられたりすればいいが、私は全国規模の組織もなく、テレビで顔がそこそこ売れていたのは、日本新党から立候補した10年も前のこと。よほどの戦略が必要だと、1年前に選対本部を立ち上げた。

志のある人が立候補でき当選できる選挙制度に

「女性のための政治スクール」の生徒たちも、自発的にそれぞれの地方で集会を開いて私を呼んでくれたりしたが、工夫を凝らしたのは「定置網方式」の採用だった。

「家庭画報」や「クロワッサン」などの雑誌によく執筆していた頃の私を覚えてくれている中高年女性をターゲットに、乗降客や買物客の多い新宿駅東口で日曜日、ずっと同じ場所にいて演説やビラまきをする。あちこち回らず、聞いてくれる人を待つので「定置網方式」と呼んだ。

イベントも行なった。高校時代の友人で、天才的シンセサイザーの弾き手である深町純さんに即興ライブをしてもらった。楽器は鈴木寛参議院議員が手配。「投票なんか一度もいったことないよ。なんで君は政治家なんかになったんだ」と私を冷やかした深町さんだったが、友人というのはありがたいものである。

35度を越える炎天下のなか、街を行く人たちの足が止まり、座って聴いてくれる。音楽の力を思い知った。触発されたのか、次の日曜日は大学生の娘が高校大学の友人を引き連れ、浴衣姿でビートルズを熱唱してくれた。選挙カーの運転手さんとウグイスさんは手持ち無沙汰で、「本当に休んでいていいんですか」と恐縮していた。

ともかく、当選は果たせた。勝因のひとつは、全国組織のある「連合」の候補者以外で大組織のない候補者を、全国8ブロックの優先候補者として振り分けてくれたことだ。ブロックごとに所属する国会議員や地方議員はその優先候補を支援すること、候補者はブロックを越えて選挙運動をしないことが決められた。

私は東京ブロックの優先候補となったから、菅さん、海江田万里さん、鈴木寛さんら東京都連が、選挙区の候補、蓮舫さん、小川敏夫さんだけでなく、比例の私も総力をあげて支援してくれた。ただ、他のブロックの候補者が約束を守らず、入れ替わり立ち替わり都内をまわっていたことも事実だ。東京は人が多いだけに、〝草刈り場〟になるのは仕方なかった。

非拘束名簿方式になって最初の2001年参院選を闘った自民党の参議院議員は選挙前、「昔の全国区よりもっと過酷だよ、こんな方式は撤廃しなきゃ」と言っていた。彼には大きな組織があったが、それでもきつかったらしい。

民主党の組織のある比例候補の人たちも、6年の任期の後半の3年に入ると、全国にある組織をまわる。講演をして一人ひとりと握手し、組合員には家族にも候補者の名前を書く練習をしてもらうという。組織があっても、投票用紙に個人名を書いてもらうのは、それほどまでに厳しいのだ。

ちなみに、一回目の非拘束名簿方式で当選してきた自民党の彼はその後、前言を翻した。「こんな大変な思いをするのが自分たちだけだと、悔しい。みんなにさせてやる」と言う。過酷な非拘束名簿方式は、今も変わっていない。

近年、国、地方を問わず、選挙の投票率が低い傾向が続く。かつて有権者の多くは、民主主義を守るという思いで、投票所に足を運んだ。投票率の低さは、政治に関心を失い、有権者が選挙を縁遠く感じているからではないか。

選挙が身近に感じられるようにするには、投票を促す啓発活動だけでなく、組織や莫大な資金がなくても、人気のあるタレントでなくても、志のある人が選挙に立候補でき、当選できるようなにしなくてはいけないとつくづく思う。

選挙システムや公選法の改正、支援団体（連合だけでなく、医師会や看護師会、農協などの自民党を支援する組織も含め）と選挙のあり方などを考え直す時期にきているのではないか。選挙が、自分たちのくらし、子どもたちの将来に深く関係すると感じてもらえるような選挙制度や政治を目指すべきだろう。

「小沢に殺されるぞ！」と言った羽田孜さん

２００５年夏、小泉純一郎首相が衆議院を解散した。郵政民営化の法案を参議院が否決したのを受け、世論の判断をあおぐと言う。世論の支持を背景に首相にのぼりつめた小泉さんらしい決断だった。

郵政民営化に反対の議員を公認せず、賛成の議員を立候補させるという〝荒技〟を繰り出した小泉さんは賭けに勝ち、小泉自民党は大勝する。あおりを食ったのが民主党だ。国政選挙のたびに着々と議席を積み上げていたが、この選挙では大敗を喫する（１７７議席から１１３議席に減少）。代表が岡田克也さんから、若い前原誠司さんに代わった。

しかし、日本新党で同僚だった前原誠司さんは翌2006年2月、いわゆる「堀江メール問題」で辞任する。民主党は大揺れに揺れ、解党の噂まで流れていた。4月に前原さんの後継の代表を決める選挙が行われることになり、菅直人さんと小沢一郎さんの一騎打ちとなった。

代表選はいつも悩ましい。私は細川（護熙）党を自認していたので、どのグループにも入っていなかったが、2004年の参院選では、菅さんやパートナーの伸子さんに支援してもらったので、そのお礼にいって以来、何となくそのグループの仲間ということになっていた。ところが、細川さんも私のブレーンも、今度は小沢さんに投票しろという。私は迷っていた。

投票日の前日、江田五月さんがやってきた。「菅が推薦人も集められず苦労している。憲政記念館で11時半から会合を開くんだけど、全然集まらない」と暗い顔をしている。つい「12時から友人とランチの約束があるが、5分くらいなら顔を出せる」と言ってしまった。そして今回は菅さんに投票すると決めた。

憲政記念館に着くと、カメラとマイクを向けられた。テレビ朝日「報道ステーション」のクルーだ。「菅さんの推薦人になるんですか」。ここにくれば、菅さん支持ととられて当然だ。私は答えた。

「小沢さんも菅さんも民主党にとって大事な政治家で、私はどちらが代表になられても民主党がしっかり国民の信頼を得られるよう立て直してくれると思っています。小沢さん優勢と決まっているのだから、菅さんにも生き残ってほしいと思って来ました」と答えた。

その夜、テレビでは後半部分だけが私のコメントとして放映された。電話が次々とかかってきた。みな小沢派の議員だった。「なんてことを言ってくれた。日本新党系はみんな菅に寝返るぞ」。すべてそういう趣旨の非難だった。

翌日、国会で羽田孜・元総理に会うと、「円さん、えらいこと言っちゃったね。小沢に殺されるぞ！」と言う。小沢さんとの間で、激突や様々なことを経験した羽田さんならではの言葉だったのだろう。

「トロイカ体制」で勢いを取り戻した民主党

代表選は「小沢119、菅72」という結果だった。小沢さんが代表に、菅さんは代表代行となり、鳩山さんが幹事長。民主党の「トロイカ体制」がスタートする。9月の党大会では、地方議員・党員サポーターも参加する代表選で小沢さんが再び代表に選ばれた。その日は東京都連の大会もあり、私は都連会長に当選した。

都連会長として最初の山場は2007年4月の統一地方選だった。「トロイカ体制」のもと民主党は勢いを取り戻し、都連所属の地方議員はほぼ倍増して200人を超えた。自民党、公明党、共産党には及ばなかったが、小沢さんからは「東京は頑張ったな」と言われた。

だが、この統一地方選の焦点は、なんといっても東京都知事選だった。知事選の民主党の候補者がなかなか決まらないなか、石井一さんや北沢俊美さんらが「菅直人さんがいい」と言い出した。これに菅さんが怒った。「俺を国政から追い出そうという陰謀に、都連会長の円さんまでが加担するのか」

と。

男の人たちの権力争いには巻き込まれたくないが、候補者は早く決めなくてはならない。菅さんと考えた末に浮かんだのが浅野史郎元宮城県知事だ。電話してみるとまんざらでもなさそうだ。

浅野さんとは、彼が厚生省の課長のとき、女性問題の政策に力を貸してほしいと、「ニコニコ離婚講座」を主宰していた私に連絡があり、3年くらい一緒に仕事をした。その縁で、彼が宮城県知事選に出る時、日本新党から公認を出して応援に行った。以来、友達付き合いをしていて、「都知事選に出ない？」と軽く言ったら、「まわりが出てくれといわないと無理だ」という。菅さんは「まわりから声がでるようにすればいいんだな。もう決まりだ」と言った。

浅野さんは立候補したが、現職の石原慎太郎さんに100万票以上の差をつけられて惨敗した。前回の樋口恵子さんに続いて、石原さんに2連敗。石原さんは本当に強かった。

都知事選は落としたが、民主党の上り調子は続き、7月の参院選で大勝利をおさめ、衆議院と参議院で多数党が異なる「ねじれ」を起こすことに成功する。政権交代に向けた重大な布石だった。

参院選後の9月、小泉首相の後を継いだ安倍晋三首相が体調悪化を理由に突然辞任する。後継は小泉政権で官房長官だった福田康夫さん。そして、自民党と民主党との「大連立構想」が浮上する。

自民党と民主党というより、福田首相と小沢代表の間で話し合ったことといった方がいいだろうか。双方とも党として進めていたことではないから、トップ同士の取り決めにみんな仰天した。構想は民主党内の一部の人の猛反発であっという間に消えてしまう。

民主党政権が終わった後、赤坂で飲んだ時、小沢さんがしみじみ言ったことがある。

――いまさら言ってもせんないが、あの大連立の話が実現していればなあ。民主党の議員は頭も良く優秀なのが多いが、政権運営というものがわかっていない。福田さんはあの時本当に困っていて、僕と一緒にやる気でいた。彼はいい人でね、彼と組んで政権の中でノウハウを積めば、民主党は一皮もふた皮もむけて、いい党になってたよ。そして、日本の政治も良くなったのに。

政権の座を目前にして自民党と連立を組むなど考えられないというのが、その時の民主党の猛反発の一因だったが、小沢さんにとってみれば、民主党の能力を伸ばす最大の好機だったということかもしれない。

衆院選候補者選びをめぐる党内の駆け引き

衆参の「ねじれ」を背景に、国会での与野党の攻防は激しさを増した。道路特定財源に関する法案が焦点になった2008年の通常国会では、財政金融委員会の筆頭理事である私は多忙を極めた。反対討論も行い、参議院では否決できたが、衆議院で再可決されてしまった。

そんななか、衆議院の任期満了である2009年秋が刻々と近づく。それまでには必ず衆院選がある。前回2005年8月の郵政解散総選挙では惨敗した民主党だったが、2007年頃から公募を始め、候補者選びを着々と進めていた。

都連会長として候補者を選ぶ権限がある私の〝使命〟は、東京都の25選挙区のすべてに勝てる候補を立てることだった。人物を見極めるため、書類選考で残った公募応募者50人くらいと面接しただろうか。

現職の衆議院議員がいれば、よほどのことがない限り、その人に公認が出る。現職のいない空白区に公募で合格した人をあてる。地縁があるとか、集票力のある運動体をもっていればすんなり決まるが、そうではなかったり、元職が出たいといってきていたりすると、調整は困難を極めた。

都連でおおよその候補者を、小川敏夫幹事長、加藤公一選対委員長、菅さんらで決めて本部に出す。そこから小沢代表と都連会長の私の最終調整に入るのだが、ある日、思わぬ出来事が起きた。

それは、公認調整をするから代表室に来るように、党本部の事務局長から呼び出されたことから始まった。都連が出している候補者だけでなく、元職や他の幹部議員からの推選もある。民主党に勢いがあったので、東京から出たいという希望者は想像以上に多かった。初回は事務局長が同席し、選挙区事情と希望者等の説明をし、小沢さん、私がそれぞれ意見をいった。

1週間もたたぬうちに再度呼ばれると、今度は小沢さんと2人だけ。事務局長はいなかった。それを知った菅さんと小川さん、加藤さんが私の部屋に来て、「小沢さんに呼ばれたら、小川、加藤と一緒に行ってくれないか」という。

はずされた事務局長は菅さんに近い人だった。そもそも民主党の事務局は、旧社会党の左派の人たちで占められていた。小沢さんはそうした部分にメスを入れようとしていたのだ。

次の小沢さんとの会合に、私は小川、加藤両氏と一緒に出かけた。「今日は大勢で来たんだね」と小沢さん。「都連の小川幹事長と加藤選対委員長です。東京都の公認候補者の調整なので、おふたりもいろいろご意見がおありで」と私。「どうぞ、言っていいよ」と小沢さんは促したが、2人は直立不動。私が促してもしゃべらない。小沢さんは2人を帰らせてしまった。

小沢さんには、かなりのカリスマ性があるらしい。それにしても、こんな場面を見られたら、2人の男性の私に対する恨みは大きくなるだろうなと、先が思いやられた。さっそく菅さんが2人をつれてやってきて、こう言った。

――円さんは小沢にとりこまれ、言いなりになってしまう。危険だから2人についていかせたのに、こうなったら毎回、4人で話しあい、それを小沢にとりついでもらいたい。

そして、小沢さんとの会談の30分前に、3人が私の部屋にくるようになった。私は「党は小沢・菅・鳩山のトロイカ体制でやっている。大事な東京でも、お三方がそれぞれ勢力を維持しておきたいと思ってらっしゃるのも理解している。だから、私は三者の言い分をしっかり反映させた意見しか言ってませんよ」と言ったが、甘かったようだ。菅さんに有利になるようにするから大丈夫、と言うべきだったのだ。

それにしても、菅さんの「小沢嫌い」の執念はすごかった。事前の話しあいで3人の男性から出てくるのは小沢さんの悪口ばかり。どんなに卑劣なことをしてきたか、どんなに悪党か。円さんは小沢さんにだまされているとまで言われた。

執行部会などで小沢さんの横に座っている菅さんは、にこやかな顔で小沢さんと話しているのに、心中はこんなに違うのかと驚いた。「直接、小沢さんにおっしゃればいいのに」と言うと、菅さんは怒気を含んだ声で答えた。「言えれば苦労しないよ」

政治改革法成立から15年で実現した政権交代

緊張をはらんだトロイカ体制だったが、民主党の勢いは止まらなかった。政党支持率は着実に上がり、世論の期待をひしひしと感じた。闘いには「天の時」がある。2008年から2009年にかけて、民主党には間違いなく「天の時」があった。

任期満了の直前に衆議院を解散した麻生太郎首相だったが、民主党優勢、自民党劣勢のまま選挙戦は推移し、民主党は議席数を115から308まで伸ばし、自民党から政権の座を奪った。政権交代のある政治の実現を目標にした政治改革法が細川政権下で成立してから15年。曲折を経ながらも、ついに念願の政権交代が実現した瞬間だった。

世論は沸き返った。細川政権で官房副長官をつとめ、民主党を立ち上げた鳩山由紀夫さんが首相になり、ソフトムードで「新しい政治」を語った。政治が変わる、時代が変わると多くの人が思ったのではないだろうか。

細川さんの突然の訪問を受け、日本新党の本部に入り浸るようになって以来、自民党とは違う、女性や少数者の声が反映する政治を求めてきた私もまた、昂揚していた。

官僚支配の象徴だった事務次官会議を廃止したり、官僚主導の予算を突き崩す事業仕分けを実施したり、民主党政権のもと、自民党政治とは違う政治が始まったのは間違いない。しかし、様々な利害が絡む現実政治を変えていくのは、政権をとって権力を手にしても、並大抵のことではない。

戦後強制抑留者に係る問題に関する特別措置法、通称シベリア特措法を通じて、私はそれを痛感した。

議員立法でシベリア特措法案をつくったが……

日本が戦争に負けて80年近くになる。最近では、アメリカと戦争をしたことも知らない若者が増えているらしい。そんななか、私が大事にしている日がある。8月23日だ。この20年、8月23日には必ず千鳥ヶ淵の墓苑にお参りをしてきた。なぜか？

１９４５（昭和20）年8月15日、日本はポツダム宣言を受諾。昭和天皇は「耐え難きを耐え、忍び難きを忍び…」と戦争を終らせることを宣言した。しかし、ソ連のスターリンはそこから日本に攻めこむ。

日本とソ連は１９４１年4月に日ソ中立条約を締結した。ところが１９４５年4月、ソ連は条約破棄を日本に通告。8月9日に参戦。日本が降伏文書に署名する9月2日までの間に、満州や朝鮮・モンゴルにいた日本陸軍・民間人をシベリアに強制連行し、何年も強制労働をさせた。連行されたのは57万５０００人。1割が異国の過酷な環境下で亡くなった。その密命をスターリンが出したのが8月23日で、亡くなった人の遺骨がある千鳥ヶ淵墓苑で慰霊式典があるのだ。

生き残った人たちは集団帰国し、ソ連政府に未払いの労働賃金を請求しようとした。しかし、1956年の日ソ共同宣言で、日ソ両国は戦争に関する賠償請求を互いに放棄。未払いの労働賃金受けとりは不可能となっていた。彼らは日本政府に請求する訴訟をおこす。最高裁で敗訴。政府は平和記念事業特別基金を創設し、抑留者に記念品を送るなどしてきたが、抑留の当事者には受け入れ難く、未払い労働賃金の補償、遺骨の収集、死亡者の特定をするとともに、二度とこういうことが起きないよう教育もすべきだと訴えた。

そこで動いたのが、民主党の参議院議員である谷博之さん、那谷屋正義さん、シベリア抑留者支援・記録センターの有光健さん、そして私だった。抑留者たちの主張を盛り込んだ「戦後強制抑留者に係る問題に関する特別措置法案」、通称シベリア特措法案を議員立法でつくり、シベリア議連を立ち上げて私が会長になった。2009年3月24日に記者会見をしたが、法案審議までいかない。当時は自公連立政権。与党が首を縦に振らないのだ。

この年の秋、民主党が政権交代をはたし、シベリア特措法に理解を示していた鳩山さんが首相になった。「これで60年近い夢が叶う。天国にいる仲間たちも喜んでくれるだろう」と抑留当事者の人たちの喜びは半端でなかった。

ところが、基金の250億円を一般会計に入れたいから、未払い賃金は支払えないという話を谷、那谷屋両議員が聞き込んできた。言っているのは財務大臣の菅直人さんらしい。当事者の90歳前後のおじいさんたちは怒った。「民主党がこんな情けない党だったなんて……。政権をとれば、自民党時代と変わると思っていたのが浅はかだった」

交渉の末、なんとか財源は確保したが、特措法はこのままだと成立させられないと注文がついた。

官邸前のハンストを決意した梅雨の日

2010年の梅雨の季節、寒い日が続いていた。総務省が問題視した法案の13条には、遺骨の収集や抑留の全容解明、啓蒙活動が記されていた。未払い賃金を補償して国が謝罪することは大事だが、こういうことが二度と政府によって起こされないように、啓蒙活動をすることも重要であり、この13条は法案の根幹だと考えていたから、削除に応じるわけにはいかなかった。

通常国会の会期末が迫っていた。この機を逃すと秋の臨時国会か、下手をすると来年まで延ばされるかもしれない。私と抑留当事者たちは何としても13条を残したいと頭を捻った。

「官邸前でハンストでもすれば考え直すかしらね」と私がつぶやくと、「それだよ」。「今年の梅雨は冷たい。ハンストなんてすると死んじゃうわよ」。「シベリアの酷寒の地から生還した私たちだよ、こんなの寒くもなんともない」。「わかった、官邸に電話する」。

平野博文官房長官に「13条をそのままにこの法案を通してくれないなら、今日から官邸前でハンストをします。みな90歳前後の高齢者です。命の保証はできかねます」と言うと、副長官の松井孝治さんが飛んできた。「総務省の反対はおさえました。このまま法案を成立させられます」。6月16日、参議院での成立を経て、衆議院本会議でシベリア特措法は成立した。

その直後の7月の参院選、私は4期目の改選を迎えた。冷たい梅雨から一転、猛暑が襲った選挙期間中、「円さんを落とすな」と、90代の抑留当事者たちが次々と新宿まで応援に来てくれたが、票にはつながらなかった。街宣車の前を通り過ぎる若者たちに、シベリアの話は届かないようだった。

結果は落選。民主党も多くの議席を失った。

2011年3月11日と「森の長城プロジェクト」

2011（平成23）年3月11日。各紙の朝刊では、菅首相への外国人からの献金問題が報じられていた。午後の決算委員会での追及が山場と見られ、私は事務所でテレビ中継を見ていた。

午後2時46分、テレビに映る委員会室のシャンデリアが大きく揺れた。菅首相らが天井を見上げる。私の事務所も激しく揺れた。スタッフたちに「エレベーターホールに」と声をかけ、ホールからの非常階段のドアをあけて固定した。エレベーターがとまっても階段で降りればいい。

揺れがおさまり、部屋に戻ると本が床に散乱している。再び強い揺れがきたので、外のカフェに全員で移動。コンビニでミネラルウォーターや乾きものなどを買った。電車は止まっているという。近辺のホテルに電話したがすでに満杯。スタッフたちを連れて、うちに帰ることにした。車道は車でいっぱい、歩道も人でうめつくされていた。サイレンがけたたましく鳴る千代田区の道を歩いて帰宅。その夜はテレビから目が離せなかった。

東日本大震災では、岩手・宮城の両県だけでも2000万トンを超すがれきが出た。津波で破壊された家々や家財道具ががれきと化したからだ。「鎮守の森のこと知っていますか」と、細川護熙元首相から電話があったのは、震災からしばらくたってだった。

原発事故の処理をどうするかに、民主党政権は頭を悩ませ、対応に追われていたが、膨大な量のがれきの処理もまた、大きな問題だった。「あの津波でも鎮守の森はやられてないんですよ」と細川さん。人間が材木の生産を優先して人工的に作った針葉樹林は津波でやられたが、鎮守の森の常緑広葉樹は地中深く根を張るため、倒れずに残った。膨大な量のがれきを埋めた上に常緑広葉樹を植えて森をつくれば、がれき処理だけでなく防潮堤にもなるという。

がれきは焼却すれば二酸化炭素が出るし、広域処理ではコストがかかる。地元での有効活用が最もいい。前例は幾つもあると言う。横浜の山下公園は関東大震災後にがれきを活かしてつくられた公園だし、ロッテルダム、ミュンヘン、ベルリンの立派な森の下には、第2次世界大戦後のがれき、戦車さえ埋まっているという。

私は常緑樹の森づくりを世界中で広めていた生態学者の宮脇昭先生と細川さんをがれきの処理に悩んでいた細野豪志環境大臣や平野達男復興副大臣に引きあわせた。2人は鎮守の森構想を説いたが、細野さんはがれきは広域処理で焼却し、宮城県の村井嘉浩知事は海と人を遮断する巨大なコンクリートの防潮堤に着手した。

100年後、いや1000年後を見すえた森の防潮堤は政府には顧みられなかった。しかし、細川さんは諦めず、宮脇先生と共に「瓦礫を活かす森の長城プロジェクト」を立ち上げた。大震災から10

年余、東北の海沿いにはボランティアによって植樹された緑の防潮堤が広がりつつある。

党首会談で突然、解散を宣言した野田首相

3・11の後、菅政権は原発事故への対応のまずさもあって、急速に求心力を失った。ポスト菅をにらんだ動きが加速する。

6月某日、私は野田佳彦さんを連れて、目白の永青文庫に細川元首相を訪ねた。野田さんが細川さんと会うのは、初めて民主党代表選に出ることになった2002年夏以来、9年ぶりだ。野田さんは明らかに緊張していた。

「静かなところですね」「ええ、狸もいるんですよ」。2人の会合はなごやかなうちに終った。借金まみれの日本の財政を憂えていた細川さんは、税の直間比率の見直しも含め、大胆な財政建て直しを野田さんに期待していた。

この会合から民主党代表選までの2カ月間、細川さんと小沢一郎さんとの会合をセットするなど、私は野田さんの票集めに奔走した。2011年8月30日、民主党政権の2代目である菅直人内閣が総辞職。9月2日に野田内閣が正式に発足した。

それから1年3カ月後の2012年11月14日、野田さんは安倍晋三・自民党総裁との党首討論で突然、2日後に解散すると表明した。私はすぐさま、東京の民主党候補の応援準備を始めた。その時は、まさか私まで立候補することになろうとは知る由もなかった。

衆院選の公示日は12月4日。その5日前、民主党の選対委員長、鉢呂吉雄衆議院議員から電話があった。「候補者が決まっていない空白区がいくつもある。突然の解散でパニックでね。東京8区に出てくれないかな。とにかく空白区をうめておかないと、東京は特にあぶない。18区の菅さんまで落選しそうだ。頼みます」

2010年参院選で落選した後も、私は千代田区一番町に事務所をかまえて活動を続けていた。その日は後援会メンバー10数人が集まることになっていた。皆、出るべきだという。東京8区は杉並区全域。人口約55万人。大学時代とジャパンタイムズ勤務時代にアパート暮らしをしたことがあるが、生まれ育った場所ではなく、学校縁もない。頼りは「女性のための政治スクール」に通っていた現職、元職の区議3人。そして杉並に住む友人や知人。荻窪駅前に選挙事務所を借り、突貫でポスター・チラシをつくった。

12月16日に投開票。民主党は大惨敗した。選挙前の議席は230だったが、獲得議席はなんと57。173人もの現職議員が落選した。東京の小選挙区で勝てたのは、7区の長妻昭さん、21区の長島昭久さんだけ。菅直人さんや海江田万里さんもかろうじて比例で復活する始末。8区は、当選した自民党の石原伸晃さんが13万2521票で、私は5万4881票。他は山本太郎さんが7万1028票、共産党候補が2万3961票だった。

日本の政治を変えると期待された民主党は、3年3カ月で終わってしまった。安倍晋三氏が首相に返り咲き、自民・公明の連立政権が復活する。安倍政権は歴代内閣最長政権になった。

悔やみきれない歴史の「if」

平成の政治改革が目指した政権交代のある政治。それを実現した民主党政権はどうして、わずか3年で幕を下ろしたのか。そして、その後、政権交代は起きていないのはなぜなのだろうか。

本章の途中で自民党との「大連立構想」に関する小沢さんの、「民主党の議員は頭も良く優秀な人が多いが、政権運営というものがわかっていない。政権の中でノウハウを積めば、民主党は一皮も二皮もむけて、いい党になっていた」という言葉を紹介した。民主党が短命に終わった要因はそこに尽きると、私は思っている。

民主党の議員は頭がいい人が多かった。経歴も立派だ。しかし、政治は理屈でするものではない。ましてや政権を運営するためには、人を動かす人間力や胆力が必要だ。それは一朝一夕に身につくものではない。政治の荒波に揉まれる中で、培われていくものだ。

残念ながら、民主党には議員を訓練する仕組みがなかった。公認になっただけで舞い上がり、当選すればさも偉くなったかのように錯覚する。それは人の常かもしれない。ただ、だからこそ、政治家として育てるための訓練が不可欠だが、民主党はまったく野放しだった。

国会の委員会では委員長の右隣が与党理事、左隣が野党理事と決まっている。ある日、新人が理事席に座っていたので、「あなたの席は一番端」と私が教えると、民主党の委員長が「円さんが席順のルールにこだわるとは意外だ。自由に座ればいいじゃないか」と言う。ルールうんぬんの問題ではない。

「新人が先輩議員を敬って末席に座るのは、自由を損なうのとは違うと思いますよ」と応じたが、どこまで通じただろうか。

その一方で、毎朝の党の政策勉強会では秘書を1時間立たせたまま平然としている。私は秘書も全員座らせるようにしたが、議員であれ、秘書であれ、互いに尊重しあい、謙虚に行動することは、政治家として重要な要素であり、それを新人の時に身につけることは必要な気がする。

普段から相手を尊重して付き合っていれば、良好な人間関係をつくることができる。それが国会で生きる。与野党で対立している法案に、野党が付帯決議をつけて歯止めをかけるのは大事な仕事だが、それができるかどうかは、人間関係があるかどうかが左右する。与党であれば全会一致で成立させるかどうかも、人間関係次第のところがある。

自民党のすべての議員がそうだとは言わないが、力のある議員を見ていると、新人の頃にしっかり訓練を受け、こうべを垂れることを実践してきたと感じる人が少なくなかった。いぶし銀のような政治家と私が感じた人たちも、そうだったように思う（自民党出身議員の多いこと）。

もちろん、民主党にも立派な議員はいた。しかし、党全体としては、自分を殺して党を盛り上げるという空気とはほど遠かったのではないか。ニュース性のある法案の最終勉強会には、しばしばテレビカメラが入る。そこに一度も審議に参加していない中堅議員がやって来てカメラの前で意見を言う。こういう先輩を見ていれば、それを真似る新人が出ても不思議ではない。個人が目立つことばかり考えて、党としてまとまってアピールし、支持を増やすという戦略はなかった。

「天の時」に乗り、政権はとった。だが、その大事な時に、党として大きな戦略を立てて政権を運営できなかった。政権を維持してこそ、「コンクリートから人へ」といった高邁な理想の実現もできたのに……。安心のくらしと平和な将来を国民に約束できたのに……。経験不足を補うためには、個々人が結束し、助け合って汗を流さないといけないのに、逆に嫉妬や権力欲で仲間割れしてしまった。

歴史に「ｉｆ」はないが、改めて思う。小沢党首のときに福田政権との大連立が実現し、政権運営のノウハウが身についた議員が多く誕生していれば、民主党政権がかくも無残に終わることもなかっただろう、と。国民のための政策実現のために、政権維持にもっと力を尽くしていれば、安倍長期政権もなかっただろう、と。

ほんとうに悔やんでも悔やみきれない。

「女の年寄りはいらない」のか

衆院選後、一番町の事務所をたたんで、杉並区の荻窪に事務所を構え、区内をまわり始めた。民主党の政権復帰のため、自分なりにできることをやろうと考えたからだ。

だが、2年後の2014年12月14日衆院選は、7万まで票をのばしたが落選。この選挙で民主党は選挙前から10議席増の73議席にとどまり、代表だった海江田さんは比例復活もできずに落選。2012年に続く惨敗だった。民主党に回復の兆しは見えなかった。

党が私に「総支部長をおりてほしい」と言ってきたのはその頃だ。代表は岡田克也さん、幹事長は枝野幸男さん、選対委員長は玄葉光一郎さん。次期総選挙の時点で70歳を越える候補者は公認しないと党で決めたという。

この決定に、私の後援会だけでなく、樋口恵子さんや赤松良子さんらが怒った。「68歳なんてまだまだ若い。高齢者より若者優先というのもわかるけれど、高齢者の知恵と経験は大事。何より男性と違って、出産・子育てもあって女性が政治の世界に入るのは遅いから、それを考慮して、男性と同じ年齢で切るのはやめるべきだと思う」と口をそろえた。

おまけにその後、私と同年齢の男性の元職が公認された。話が違う。要するに、「女の年寄りはいらない」というのか。「こんな〝排除の論理〟おかしいわよ、記者会見で異議申し立てをすべきよ」と、みんな怒っていた。私も悔しかった。

しかし、私は記者会見を開かなかったし、SNSなどで党を非難もしなかった。副代表もつとめた愛着のある民主党を支援してきてくれた人たちの失望を、これ以上大きくしたくはなかったのだ。

翌2016年3月27日、民主党は維新の党との合流に伴い民進党と名称を変えた。2017年9月25日には小池百合子さんが希望の党を立ち上げ、同党への合流をめぐって民進党は分裂。排除された枝野さんらは10月2日立憲民主党を結党した。民主党の歴史が終わった。

政権交代のある政治は平成と共に去ったのか

2019年5月1日、平成の30年が終わり、令和が始まった。その後、新型コロナウイルス感染症、円安や物価高、ウクライナ、台湾問題など、国内外の課題は山積するが、政治がそれに十分に対応できているかというと、はなはだ心許ない。

なにより気掛かりなのは、頼りになる野党の存在が見えないことだ。細川護熙さんも、小沢一郎さんも、力の拮抗した与野党が対立し、緊張感をもった政治が展開することで、日本は良くなると考えたが、今、そんな政治はどこにもない。平成の政治改革が追求した政権交代のある政治は、平成と共に去ってしまったのか。

細川さんが日本新党を立ち上げたのが1992年。1993年には小沢さんが新生党を、武村正義さんが新党さきがけをつくり、同年8月には38年続いた自民党が政権を失った。その後、小選挙区比例代表並立制が成立。二大政党制への道を歩み始めたかのように見えた。

野田総理の突然の衆議院解散と民主党の惨敗で、野田さんへの恨みつらみは大きなものがある。当時、民主党政権はすでにレームダックの状態。選挙での勝利は覚束なかった。なぜ、翌年の任期満了を待たずに、解散をしたのか。

この年の夏、社会保障を充実させるために税制改革を進めるという、民主党・自民党・公明党の「三党合意」が成立した。これは政権交代を実現した民主党の選挙公約・マニフェストに反して、消費税をあげるというものだ。

党首討論で「解散します」と野田さんが言ったとき、自民党に消費税を上げさせるための足かせをはめたと解釈する人がいた。どのみち民主党は選挙に勝てない。ならば、三党合意を次の自民党政権でやらせると約束させるほうがいいと、野田さんは考えたのではないかというのだ。

安倍さんの自民党に消費税を上げてもらい、次の選挙で民主党が勝つ。そうした形で3～4年おきに二大政党のどちらかが政権を握る。そんな絵図を、野田さんが解散宣言をした際に予想した人がいる。しかし、現実には自民党の「一強」となり、民主党は消えてなくなった。政治の厳しさを改めて思い知る。

自民党では、野党に政権は絶対に渡さない、党内派閥間で政権を交代する「疑似政権交代」で政治をリセットするほうが、政治は安定するという意見がある。私は賛同しない。自民党内に根強くはびこる、現在の多数派を重視する姿勢だと、女性や少数派の声を本当に生かした政治はできないと考えるからだ。

最後に、女性と政治の関係を象徴するエピソードを書いて、平成の日本政治に女性議員として挑んだ私の政治人生について記した本章を締めたい。

強姦罪の審議をめぐる忘れられない光景

2017（平成29）年、国会議員や司法の世界に一人の女性もいなかった明治時代につくられた刑法の強姦罪が110年ぶりに改正された。改正の結果、強姦罪の名称は「強制性交罪」に改められ、法定刑の下限が3年から5年に引き上げられた。

厳罰化とはとうてい言えないし、暴行や脅迫要件も残っていて、さらなる見直しが必要だが、望まない性行為は暴力であると考え、それを告発しにくい社会のあり方を変えていきたいと願って運動していた私にとって、強姦罪改正は長年の念願でもあり、感慨深いものがあった。そして、2023年「強制性交罪」は「不同意性交罪」と名前を変え、意思に反した性的行為は処罰の対象となった。

強姦罪をめぐっては、今も鮮明に覚えている光景がある。

20年以上も前、参議院法務委員会で強姦罪を改正すべきという趣旨の質問をした私は、強姦の判決がおりなかった判決文に書かれていた「着衣が破れることは行為の中でままあることであって……」という部分を読み上げて、こう言った。

「私、寡聞にしてこの国の裁判官のご家庭内のことなど存じ上げませんが、着衣の破れるような行為をご夫婦でなさっておられるのでしょうか」

生命を危険にさらすほどの抵抗をしなければ、和姦とみなされる。着衣が破れるほどの抵抗をしても、ふつうの性行為ではよくあることだと判例はいう。いったい女性はどうすればいいのか。殺されるまで抵抗するべきだというのだろうか。

私は、加害者ではなく被害者が責められること、暴行・脅迫要件がなければ強姦と認められないこと、強盗罪より強姦罪が軽いことが許せなかった。そんな強姦罪は改めるしかないと迫った。

すると、それまで目をつぶって座っていた自民党の「おじさん議員」たち（彼らの多くは法務大臣経験者だった）が目を開いた。そして、口々に野次を飛ばしたのである。

「こんな判決文を出しているなんて信じられん」「円さんの言うとおりだ。強姦の規定を変えろ」「強姦罪は軽すぎるぞ」

こういう野次は大歓迎。時には野次もいいな。そう思った。

おじさん議員の方々も、強姦罪に問題があることは理解しているのだ。だから気が付けば、反応する。ただ、残念ながら、なかなかそこに目が向かない。

女性の視点が少ないために……

政治の世界に入って痛感したのは、国会でも法律でも、女性や子どもの問題が取り上げられることが、あまりに少なく、遅いという実態だった。政策策定の基になる統計も、女性や子どもの視点に立つものはほとんどなかった。

なぜか？　女性議員や女性官僚があまりに少ないからだ。

だから、私は女性や子どもの問題を、できるだけ取り上げてきた。たとえば、世界の児童ポルノの80％は日本で作られていて、野放しになっていた。売春する女性は罰せられるのに、買う側は罰せられないという不均衡もあった。私は、「売春」ではなく、「買春」と書くよう迫り、児童買春を禁止する法律もつくった。もちろん、たやすく通ったわけではない。法律用語に「買春」なる言葉はないと、法務官僚や法制局は頑迷に抵抗した。

非嫡出子の場合、戸籍の続柄欄の記載に嫡出子と違い、「男」「女」としか記載されていなかった問題も取り上げた。「プライバシー権の侵害」ではないかと追及した結果、２００４年に法務大臣が「区別記載をなくす」と表明し、戸籍法施行規則が改正された。

それまで社会の常識といわれていたもの、法律だから守るのが当然ですまされていたものの一つひとつを、女性の視線で見直し、疑問を抱いた点は粘り強く変えていった。国会議員17年の、ささやかな自負と言っていい。

日本新党で活動してまず取り組んだのが、党則にクオータ制を盛り込むことだった。当時は、党内からも抵抗があったが、徐々に浸透し、２０２２年の参院選では、女性の候補者は33・２％になり、当選者も35人となった。

当選した女性たちが、謙虚に誠実に志を高くもって、人々のため、子どもたちの将来のために、きちんと仕事をすれば、有権者は女性をないがしろにする政党には投票しなくなるだろう。そうなれば、政党も女性候補者を増やさざるを得なくなるはずだ。

そうするために、女性たちはどうすればいいか。次章では、自身の政治体験や「女性のための政治スクール」での経験をもとに、女性が政治に出るための十のノウハウをお示ししたい。

第10章

女性が政治に踏み出すための十のノウハウ

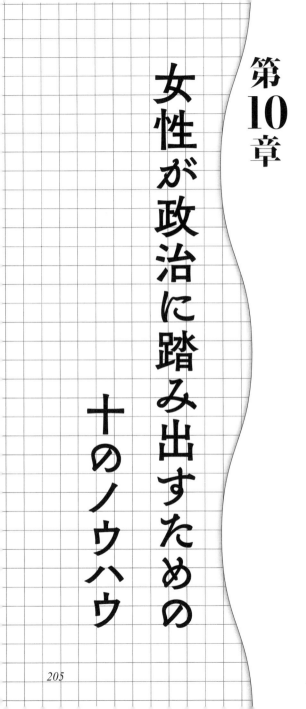

世界経済フォーラム（WEF）は毎年、各国の男女格差の教育・健康・政治・経済の4分野における現状をデータに基づき評価する「Global Gender Gap Report」（世界男女格差報告書）を出しているが、その2023年度版が6月に発表された。日本のジェンダーギャップ指数（総合）は125位（146カ国中）。政治分野が世界最低水準の138位だったことが響いた。情けない結果としか言いようがない。

私が「女性のための政治スクール」を開校した1993（平成5）年はこうしたジェンダーギャップ報告はまだなかったが、北欧諸国ではすでにクオータ制が採用され、女性の政治家が増えていた。英国では1979年にサッチャー首相が誕生していた。「スクール」がスタートしてから4カ月後に私は参議院議員になったが、参議院に占める女性比率は10・3％、衆議院だと2・7％に過ぎなかった。

ただ、本書で縷々書いてきたように、女性たちの意識が30年前から確実に変わっているのも事実である。30年前は、「政治なんて汚いものと関わりたくない。そんな世界には入りたくない」という女性が多かったが、今は違う。2023年の統一地方選を見ると、妊娠中や出産直後の人、幼い子を抱えている人がふつうに立候補している。政治が自分たちのくらしに直結していることを理解してきたのだ。

妊娠中、出産直後だからこそ、産婦人科が減っていることの深刻さが理解できる。子育て中の身だからこそ、保育園の待機児童問題や公園での子どもの声の騒音問題に、自分事として向き合える。安心して子育てができる「まちづくり」は喫緊の課題であり、それは人任せでは解決しない。問題の在りかを知る女性だからこそ、自分たちで変えていこうと思うのだ。

私は、そんな女性たちがどんどん増えてほしいし、彼女たちの手で社会を変革してほしいと願っている。では、そのために何が必要なのか。ここまでの各章で紹介してきたスクール生の体験や、本書のために現在と過去のスクール生を対象に実施したアンケートへの回答を踏まえ、政治を志そうと考えている人のための十のノウハウをお示ししたい。

第一・「おかしい！　どうして？」を強く打ち出す

議員になったスクール生のほとんどは、「おかしい！　どうして？」という疑問を強く持ち、解決の手段として立候補に踏み切っている。こうした思いは多くの女性たちの共感を呼び、この人に1票を託せば共に社会を変えていけるという期待につながる。

第5章でふれた島根県議の白石恵子さんは、女性の臨時職員であるがゆえに、昇進どころか、希望の配置替えはしてもらえず、定年まで給与計算係だということに憤りを覚え、労働組合にいた時、推されて県議選に出馬した。

前世田谷区議の礒田久美子さんは、育児と仕事の両立に頑張ってきたが、6年間給料は上がらず、ポストからはずされた。世の中の仕組みを変えない限り、頑張る人が報われない、私は変えたいとスクールに通い、世田谷区議選に挑戦した。

第6章に登場した増原裕子さんは、レズビアンであることをカミングアウトし、性的マイノリティの人々の生きやすい社会を作りたいと運動してきた。くわえて、ＬＧＢＴＱに対する差別にとどまらず、未婚の母へも非嫡出子へも差別のある社会に疑念を持ち、あらゆる差別を許さない社会を目指して、政治の世界に飛び込む決断をした。

第二・仲間をつくろう

政治家となって、法律や制度を変えようと思っても、一人では難しい。一緒に変えようと思ってくれる仲間がいると心強い。ＳＮＳが得意な人、デザインに長けた人、事務所に使える空き店舗を持つ人を紹介してくれる顔の広い人、いろんなタイプの仲間がいると、選挙には有利だ。当選すれば、政策ブレーンや情報のアンテナとして、政治活動を支えてもらえる。

気持ちが萎えそうなときには、仲間たちとおしゃべりすると元気がもらえる。アイディアが浮かぶこともある。ストーカーを撃退してくれるかもしれない。でも、政治なんて難しいことを一緒にやってくれる仲間をどうやって集めればいいのかしら？

悩むなかれ。葛飾区議の中村慶子さんの選挙を手伝ってくれたのは公園でのママ友。国分寺市議の及川妙子さんのようにＰＴＡや育児サークルの活動や高齢者配食ボランティア活動を通じて、仲間ができた人もいる。男性の場合、出身高校の卒業生たちが資金や人脈を活かして応援するケースがかなりある。女性の場合、結婚や夫の転勤で出身地とは違う地域から出馬することも多いせいか、出身高校の支援は少ないようだ。それよりふだんの付き合いが大事。

立候補することを決めてから仲間を募るのはなかなか難しいかもしれない。スクール生で当選した人たちの多くは、それ以前から地域で様々な活動をすることで仲間をつくっていた。相模原市議の安藤多恵子さん（第８章）は映画の自主上映で資金集めから人集めまでするなかで、多くの仲間ができた。三島市議の野村諒子さん（第４章）はＮＰＯ活動の実績で人の輪をつくってきた。東京都中央区議の青木かのさん（第７章）は立候補を決めてから区の施設で無料の英会話教室を始めることで、中央区の人たちとのつながりをつくった。男性でも、出身校の友人がほとんどいない杉並区で区議選に出馬した久水勝人さんは、妻を早くに亡くし一人で子育てをしてきたから、その子育てを手伝ってくれた女性たちや娘の学校のＰＴＡ活動での仲間たちがいた。銀行勤めで多忙だったが、子育てを通して地域にしっかり根を張っていると仲間はできるのだ。

仲間を増やすコツは任せることだ。自分でやったほうが早いなどと考えてはいけない。人はみな良いところがある。その人たちに任せることが大切で、それがまた仲間を呼ぶ。「来る者は拒まず、去る者は追わず」でやるのがいい。

第三・家族の説得、協力

立候補を決めたら、家族を説得しなくてはいけない。男性の場合も妻から反対され、諦めた人もいる。仕事を辞めて立候補して、落選したら収入もなくなる。選挙にはお金もかかる。夫の収入しかない場合、家族はおいそれと賛成できないだろう。女性の場合、シングルマザーならともかく、稼いでいる夫がいれば、一家の経済まで心配する必要はない。ある意味、男性より有利かもしれない。とはいえ、家族を説得するためのハードルは決して低くない。

「家族に議員がいると、気を遣って暮らさなければならない」と舅姑に反対されたり、「学校にお母さんのポスターが貼られるなんて恥ずかしい」と子どもたちに言われたり。夫の仕事や地位に影響する場合もある。「政治家の家族」の問題は、なかなかに根が深い。

島根県議の角智子さん（第5章）は最初、松江市議への立候補を要請されたが夫が市の幹部だったので、夫に相談するまでもなく断った。日高市議の田中まどかさん（第8章）は、夫が断固反対だったが、毎日のように仲間が夫の説得に来てくれたという。憲法24条を書いたといわれるベアテ・シロタ・ゴードンさんに背中を押されて旭川市議になった山城えり子さんは、夫は反対だったが、正月に集まった子どもたちが「お母さんの生き方を応援してあげようよ」と言ってくれて、夫が折れたらしい。

反対ばかりではない。妻が外で演説している間、選挙事務所を守って隅々まで目配りしてくれた前杉並区議の押村貞子さん（第4章）の夫や、挨拶回りの車の運転はすべて引き受けてくれた大垣市議の粥川加奈子さん（第3章）の夫もいる。山城さんの夫も、最初は反対だったが、いざ選挙になると仕事関係者やゴルフ仲間などにまで支援を頼み、大いに協力してくれたという。


第四・チャンスをつかむ………………

くらしと政治は直結している。とはいえ現実問題、政治の世界と私たちの接点はさほど近くない。世襲議員が増えるのもある意味、やむを得ない。ふつうの人と政治が遠すぎるのだ。

だからこそ言いたい。チャンスはつかめ、と。

「女性の議員が必要」と、これはと思う人を説得して回ったがすべて断られ、自分が立たざるを得なくなったり、選挙の応援をしていて声をかけられたり、チャンスはいろんな形でやってくる。要は、そのときにどう振る舞うかだ。

中村慶子葛飾区議のチャンスのつかみ方は面白い。ある日、現職区議が衆院選に出るので後継者を募集しているという新聞の折り込みに気づいた夫から、君に向いている、と言われた。二人の子どもを育てる専業主婦だったが、政治に関心を持っていた。すぐさま応募、民主党の公認となった。「タイミング、フィーリング、ハプニングと3つのＩＮＧが揃った。チャンスはつかまなくっちゃ」と中村さん。現在区議4期目。教育の機会均等や、商店街の活性化に力を入れている。

第五・地域事情を研究せよ

自分のまちの課題を知っておくのは立候補の前提条件だ。学校の統廃合、一人暮らし高齢者の買物難民問題、景観、防災……。探せば、どんな地域にも必ずいくつもの課題がある。

そうした課題について理解を深めるため、議会の傍聴に行くのも一策だ。そこで、岩国市議の姫野敦子さん（第7章）やみんなの会.in日高の平井久美子さん（第8章）、広川ちえ子さん（同）のように、女性議員の少なさや、下品な野次が飛びかう議会の現状を目にして、女性議員を増やすべきという課題を見つけた人もいる。

地域事情を調べ、課題を見つけ、それが自分のやりたかったことと一致すれば、政治家として何を訴えるかが定まる。課題だけではない。他の議員の得票数、地盤なども調査して、自分の対象とする地区や年代層などを見極めることも必要だろう。仲間たちとそうした情報を共有し、対策を練ることが不可欠だ。

第六・自分の魅力、強みを知る

家族や友人の協力も得られる。地域事情も調査した。いよいよ立候補となったとき大事なのは、自分の魅力をどう打ち出すかだ。まずは、有権者に自分がどういう人間か知ってもらわないといけない。

魅力は？　強みは？　仲間は？　と考えてみよう。自己認識と他人の見方とでは異なることもある。若さ、経験、体力、行動力、突破力、説得力、我慢強さ、粘り、聞く力、包容力、先見性、明るさ、想像力、寄り添う力、人脈、政策作成力、胆力、根気……。さあ、何を打ち出すか。

魅力の中には、子育てや介護の経験ももちろんある。できれば、有権者の共感を呼ぶような経験や魅力を打ち出したい。

第七・自分なりの地盤をつくる

ＰＴＡやＮＰＯといったこれまでの枠を越えて、活動を広げることも必要だ。町内会長や商店会長、様々な市民団体に挨拶に行く、地域の行事に出るなど、労を惜しまず人と会うことだ。すでに他の候補を支持していて、得票を見込めないケースも多い。ただ、支持はしてくれなくても、挨拶をしておくことで、全面的な敵にならないということはある。誹謗中傷や妨害を防げることができれば、意義は大きい。

個人情報保護法ができて以来、名簿の類いが作られなくなった。とはいえ、選挙に名簿は必須のアイテムだ。退職した先輩議員から名簿を譲られたら大助かりだ。新人の場合、知り合いが少なく、名簿がなければ、公選はがきもろくに出せない。電話かけにも名簿が必要だ。いずれにせよ、有権者情報をどう入手するか。日頃から知恵を絞っておきたい。

第八・工夫して人と会う

最近の議員は、ユーチューブやインスタグラムを活用して活動をしている人が多い。若い人たちをターゲットにする場合、ＳＮＳは力を発揮する。とはいえ、アナログと言われようと、「とにかく歩け、人と会え」は、今でも十分通用する。

国民民主党代表の玉木雄一郎さんは、最初の衆院選で敗れた後、毎朝、背広の左ポケットに名刺を１００枚、右に１００枚を入れて家を出て、すべて渡し終えるまで帰宅しなかったという。彼の場合は、国会議員の選挙だが、都道府県、市区町村だって同じだ。

人というのは会って話して握手すれば、情が移る。それで自分に投票してくれるかどうかは分からない。でも、「知り合う」ことで可能性はでてくる。選挙は可能性の追求なのだ。

人との会い方は様々だ。駅前で演説する人は少なくないが、町の医療と福祉を良くしたいと立候補を決意した前広島市議の馬庭恭子さん（第2章）は、病院の前に立ち続けた。お茶会のような小さな集会を開く人も多い。覚えてもらうには、イメージカラーも有効だ。黄色、赤、緑といったイメージカラーを決め、その色のTシャツをいつも着る。エプロンをつけて歩いた人もいる。

第九・セクハラ、パワハラ対策

政治の世界にもセクハラやパワハラはつきものだ。

京田辺市議の南部登志子さんはアンケートに「辛いことばかり」と書いてきた。市職員からのパワハラ、議員、有権者からのセクハラが山のようにあったと。

どんなことがあったのか聞いてみた。

――選挙活動が終わって帰宅する車の中でスカートをめくられる、事務所で抱きつかれる、無理矢理キスされる、そんなことはしょっちゅうで、やめてくれというと、もう手伝わなくていいんだなと脅す。夜も遅いのに、飲みに来い、付き合えと電話がかかってくるのはざら。明日も早くから活動しなくてはいけないし、と断っても、それで選挙が闘えると思うなよと、言われる。下手に断わると、あいつはしなだれかかってきたと、彼女が誘ってきたかのように言いふらされる。

当選して、市議になったらなったで、職員からもパワハラを受ける。議員からはセクハラを受ける。どうやって解決したのか。

――解決ってできないんですよ、断われば二次被害を受ける、でも、イヤですものね。えげつない言葉で言い返すしかない。かわい子ぶってたら駄目ですね。母に愚痴ったら、離婚した母は「離婚して一人でいたり、あんたのように結婚してないと、世の中の男はそういう女をなめていて、平気でセクハラするんやな」と。

シングルの女性だけではない。夫や子どもがいても、女性というだけで、下に見られたり、軽く見られたりすることは、多くの候補者、議員が経験している。「以前はお嬢さん扱い、今は更年期扱いされる」とアンケートに書いた人もいた。

セクハラに合わないようにするには、まず二人だけにならないよう気をつけることだ。セクハラされそうになったら、「セクハラになりますよ」と注意喚起してもいい。毅然とした態度で断ることも大切だ。

今、社会は以前よりもハラスメントに敏感になった。必ず応援してくれる人がいるから、仲間と共にセクハラ、パワハラなどを許さない空気を作っていくことが大事だ。

第十・選挙資金はどうする?

人頼みではなく、自分が選挙に出て、おかしいと思っていることを変えたい。そう決意し、一緒にやろうと言ってくれる仲間がいても、それだけでは選挙には出られない。選挙に必須なもの。それはお金だ。

スクール生のアンケートでも、出馬しなかった理由に、「資金が無い」と答える人がいた。供託金も含め、それなりにまとまったお金を準備するには、どうすればいいのか。

「第三・家族の説得、協力」でふれたように、経済的な柱は男性である家庭が多い。その意味では、女性より男性のほうが立候補のリスクをとれないことがある。とはいえ、女性にしてもキャリアや収入が途切れるのは同じだ。

第1章で紹介した水野素子さんのように、有給休暇をフル活用して、退職せずに立候補できたケースもあるが、これは幸運な例。企業の理解だけでなく、立候補休暇制度のようなものを導入しない限り、男性であれ女性であれ、ふつうの人が政治の世界に入るのは厳しい。

角とも子さんや白石恵子さんは、第5章で書いたように、長年働いてきただけに貯金もあり、選挙資金にそれを使えた。だが現実には、様々な活動をしてはいても、妊娠出産や夫の転勤で「経済的にはほとんど専業主婦」と言った海津にいなさん（第5章）のような女性のほうが多く、お金のハードルは高い。

ただ、それでも彼女たちはあきらめなかった。夫から借金したり、労働金庫から借りたり、虎の子のへそくりをあてたり……。さまざまな方法で資金を調達した。

面白いのは、手作り選挙でお金をあまり使わなかった人が多かったことだ。たとえば、事務所は自分の家の庭だったり、自転車置き場だったり、シェアハウスの一室を借りたり。思い切って、持たないという選択をした人もいた。

選挙カーもしかり。車は使わず、自転車で走る。看板は手作り。公選はがきは出さない。ウグイスも雇わない。こうした、工夫を凝らしてお金を使わない選挙をした人たちの実例は、参考になるに違いない。

それでも、供託金はいる。獲得票が少ないと没収されるので、自身の収入が無い女性にとって、立候補をためらう要因になる。選挙の門戸を開くため、供託金のハードルを下げるべきという意見がある一方で、公のために働こうと思うならそれぐらい準備するのは当然だという見方もあり、悩ましいところだ。

ともあれ、男が働き、女が支えるという固定的性別役割分業の考えが根強い社会で、男女の賃金格差があるのは厳然とした現実である。お金をかけない選挙にすることは大事だが、女性の政治参画を増やすために、女性が男性と同じ収入が得られるよう、結婚や妊娠出産があっても働き続けられるような働き方や男性の家事育児の分担など、一歩一歩変えていく必要がある。

おわりに

今年2023年は特に暑い夏である。子どもたちにとっては、楽しいはずの夏休みだが、暗い気持ちで迎える母子家庭も少なくない。給食がないから、一日に必要なカロリーと栄養をとらせられないという。コロナ禍で収入が減り、生活への不安から母親が鬱になったり、病気にかかったりしていて、さらに、電気料金の値上げでエアコンがつけられない、一食抜くかエアコンをつけないかの選択を迫られている現実がある。

「女性のための政治スクール」の講師に来てくれた渡辺由美子さんが主宰するNPO法人キッズドアでは、そんな母子のために夏休み緊急支援クラウドファンディングを実施している。各地の子ども食堂も精一杯頑張って活動している。しかし、民間のがんばりだけに頼っていていいのだろうか。政治が根本的に解決すべきことではないのか。

1ドルが360円だった最後の年、北欧諸国に行く機会があった。初めての海外旅行ですっかり北欧に魅了され、以来、取材に出かけたり、私費で旅行をしたりしてきた。

北欧の保育園では、3歳の子どもたちが男女の隔てなくキッチンでシチューを作り、ベランダではのこぎりや金槌を使って巣箱をこしらえていた。大人も、妻が妊娠すると、夫がベビー靴下を編んでいた。幼い頃から、自分でできることは性別に関係なくやるのが当たり前の国だった。

その一方で、北欧は離婚大国で、会う人会う人、離婚していて、離婚してもパパが保育園の送迎をしていて、驚かされた。誰もが働いて税金を払うのも当然で、女性にも収入があるから、離婚時に決めるのは、子どもの世話ができるよう近くに住むことと、養育費についてだけだという話だった。

日本でも当時、離婚が増え始めていたが、経済的に食べていけないから別れられないという女性が多かった。夫の浮気に悩んでも別れられなかった。結婚で仕事を辞めたので収入がないし、再就職のハードルもたとえ資格や特技があっても高かったからだ。

北欧と日本の違いに私は愕然とした。結婚や出産で退職しなくていいシステム。辞めても、やり直しができる社会、再就職時の年齢制限などない社会、男女が共に家事・育児をできる、長時間労働のない社会を実現したいと願った。

同じ思いの人を増やそうとして始めたのが「ニコニコ離婚講座」だった。講座には全国から参加があり、電話相談はひきもきらなかった。無料の離婚110番、離婚女性のネットワーク、ハンドインハンドの会も生まれた。保育園、学童保育、性教育、男性の家事育児、妊娠中絶、強姦、DV、男女の賃金格差、介護、年金、病気等々、あらゆる問題が話題にのぼったが、これらはすべて政治に密接にかかわることだった。みな、口々に「政治を変えなきゃ」と言った。

そんな時、日本新党を結党したばかりの細川護熙さんが、私のもとを訪ねて来られた。日本初の女性国会議員の一人である加藤シヅエさんの娘のタキさんの紹介だった。細川さんから声をかけられたタキさんが、「私は政治には向いていない。ぴったりの人がいる」と、私を推薦したのである。タキさんのひと言がなかったら、「女性のための政治スクール」は生まれていない。参議院議員円より子もいなかった。

スクールは、名誉校長の加藤シヅエさん、校長のタキさん、副校長の細川護熙さん、事務局長の私でスタートした。半年後、細川さんが首相になったので顧問になっていただき、シヅエさんが逝去した後は、細川佳代子さんが名誉校長、テレビで売れっ子になり、政治と距離を置かざるを得ないタキさんの代わりに私が校長、事務局長は藤田みちるさん（第4章に登場）がつとめている。

平成が終わり、スクールも30年が経った。多くの人に支えられて、よくここまで来たと思う。まだまだ女性議員は少ないし、変えなければいけない法律や制度は山ほどあるが、本書でも指摘してきたように、地殻変動は確実に起きている。各地からスクールに集い、それぞれの場所で種を蒔き、後継者を育てているスクール生たち、スクールの講師を快く引き受け、叱咤激励してくれた人たち、細川さんはじめ日本新党のメンバー、秘書や職員の人たち、すべての人に感謝したい。

30周年を機に出すことになったこの本は、2022年に朝日新聞の論考サイト「論座」で連載したものがベースになっている。連載の場を与えてくれ、単行本化にあたり見事な編集をしてくれた吉田貴文さんにも心からお礼を言いたい。

30周年は終わりではなく、ひとつの節目である。多くの人たちの、身に余るご厚意とご支援を無駄にすることなく、これからもこの女性のための政治スクールを通して、すべての人の生きやすい社会を目指して政治にチャレンジしていくつもりだ。そして、多くの女性が、特に10代の少女たちが、政治を身近に感じてくれるようになり、近い将来、この国に女性首相が誕生するよう後押ししたいと思っている。

2023年7月7日

女性のための政治スクール（1993年2月3日〜現在）

顧問	細川 護熙
名誉校長	細川 佳代子
校長	円 より子
事務局長	藤田 みちる
事務局次長	瀬川 淳子
スタッフ	近藤 瑛輝

（初代名誉校長・加藤シヅエ、初代校長・加藤タキ、初代事務局長・円より子、二代目副校長・江端貴子）

30年間に来てくださった講師の方々

（アイウエオ順。肩書きは当時。敬称略　他にも「予算を聞く」「防衛省見学」等々でお世話になった各省の官僚の方、スタッフの方がおられます）

名前	当時肩書
青井未帆	学習院大学法科大学院教授
赤松良子	元文部大臣
秋庭悦子	原子力委員会委員
秋山訓子	朝日新聞政治部次長
浅野史郎	宮城県知事
足立信也	参議院議員・医学博士
足立哲朗	経済評論家
阿南惟茂	外務省アジア局長
荒井聰	衆議院議員・元国家戦略担当大臣
新木雅之	内閣府男女共同参画局総務課長
荒このみ	東京外国語大学名誉教授
有光健	大阪経済法科大学アジア太平洋研究センター客員研究員・戦後補償ネットワーク世話人代表
安藤博	日本新党政策委員会副委員長
安藤正純	福島県富岡町議会議員
飯田哲也	NPO法人環境エネルギー政策研究所所長
池上清子	国連人口基金東京事務所長
池永肇恵	内閣府男女共同参画局長
石田美栄	衆議院議員
石田久仁子	翻訳家
泉田裕彦	新潟県知事

泉房穂	明石市長
伊勢崎賢治	東京外国語大学総合国際学研究院教授
磯村英一	財団法人地域改善啓発センター理事長
市川健太	財務省主計局主計官防衛省担当
伊藤滋	早稲田大学特命教授・中央防災会議首都直下地震対策専門調査会座長
猪口邦子	上智大学教授
今井章子	東京財団広報担当・コーポレートシチズンシップ取締役
苛原実	医療法人社団実幸会いらはら診療所理事長
岩井義照	経営コンサルタント
岩國哲人	出雲市長
岩田喜美枝	資生堂株式会社取締役
岩見隆夫	毎日新聞特別顧問
岩本沙弓	大阪経済大学経営学部客員教授
宇沢弘文	東大名誉教授
内田広之	文部科学省
江田憲司	衆議院議員
榎彰	東海大学教授
海老名誠	みずほ総研理事

得本輝人	自動車総連会長
大泉一貫	宮城大学副学長
大倉多美子	日本女性科学者の会前会長
大澤文護	毎日新聞社外信部副部長
大澤誠	農水省大臣官房政策課長
大島英彦	農林水産省大臣官房政策課上席企画官
太田房江	大阪府知事
太田芳枝	労働省婦人局長
大津ひろ子	元東京都議会議員
大西啓仁	経産省
大野元裕	中東調査会上席研究員
大日向雅美	恵泉女学園大教授
大森彌	千葉大学教授
大山礼子	駒澤大学教授
岡崎トミ子	参議院議員
岡澤憲芙	早稲田大学教授
岡田克也	衆議院議員・民主党政調会長
緒方貞子	JICA理事長
岡田晴恵	国立感染症研究所・医学博士

小川和久	国際政治軍事アナリスト
小川淳也	衆議院議員・総務大臣政務官
小沢一郎	衆議院議員・新生党代表幹事
小貫和洋	福島県富岡町元図書館長
小野澤洋二	日本銀行監事
尾本彰	原子力委員会委員・元IAEA　原子力発電部長
海江田万里	衆議院議員
陰山英男	広島県尾道市立土堂小学校校長
片野清美	エイビイシイ保育園園長
片山善博	鳥取県知事
勝間和代	経済評論家
加藤シヅエ	元国会議員
加藤俊治	法務省刑事局法制企画官
加藤タキ	コーディネーター
加藤孝明	東大教授
金森トシエ	神奈川県立婦人総合センター館長
金子恵美	参議院議員
金田賢哉	本郷飛行機株式会社代表取締役
加野幸司	防衛政策局防衛政策課長

蒲島郁夫	東京大学教授
鴨志田リエ	目黒区議
蒲原基道	厚労省障害福祉課長
萱野稔人	津田塾大学教授
唐澤剛	厚生労働省雇用均等・児童家庭局家庭福祉課長
河幹夫	厚生労働省社会・援護局企画課長
河村たかし	衆議院議員
川本裕子	McKinsey&Company,Incシニアエクスパート
菅直人	衆議院議員・民主党幹事長
菅伸子	衆議院議員・民主党菅直人代表夫人
金成洋治	元日本新党企画調整本部長
金成大介	三菱総合研究所主任研究員
岸本周平	国民民主党選対委員長
北川正恭	三重県知事
北野一	東京三菱銀行為替資金部調査役
北野充	外務省大臣官房官房審議官（総括担当）
北原悦男	農林水産省魚政課長
木元教子	評論家・ジャーナリスト・原子力委員会委員

キャロリン・シュワルガー	ニュージーランド大使館二等書記官
金城清子	津田塾大学教授
グレゴリー・クラーク	多摩大学名誉学長
黒川清	東海大学医学部部長
小池百合子	衆議院議員
小泉晨一	元衆議院議員
小嶋昭次郎	医学博士
小菅幸一	朝日新聞論説委員
児玉万里子	財務アナリスト
小西龍治	元日本長期信用銀行常務
小林節	憲法学者
小林良彰	慶應義塾大学教授
小宮山洋子	NHK解説委員
境真良	経済産業省
坂上隆司	民主党組織総局部長代理
榊原富士子	弁護士
迫田英典	財務省主計官

佐々淳行	元内閣安全保障室長
佐々木かをり	株式会社イー・ウーマン代表取締役社長
笹森清	労働者福祉中央協議会会長
佐藤文俊	自治省地方分権推進室長
佐藤謙一郎	衆議院議員
佐藤重和	外務省アジア太平洋州局参事官
佐藤優	外交評論家
佐藤清太郎	森林経営者
塩田咲子	高崎経済大学名誉教授
潮谷義子	熊本県知事
重村智計	早稲田大学教授
志々田浩太郎	武蔵村山市長
篠崎仁美	ピアニスト・歌手
篠原孝	衆議院議員
渋谷和久	国土交通省総合政策局総務課長(併)復興庁統括官付
自見武士	法務省民事局付
清水聖義	群馬県太田市長
清水康弘	環境省大臣官房審議官

志村尚子	前津田塾大学学長・元国連ＰＫＯ局部長
下河辺淳	東京海上研究所理事長
下村満子	ジャーナリスト
朱　建栄	東洋学園大学教授
首藤信彦	衆議院議員
城島光力	元財務大臣
白石順一	環境省水環境担当審議官
辛淑玉	人材育成コンサルタント
鈴木敦秋	読売新聞社社会保障部記者
鈴木寛	参議院議員
鈴木邦男	一水会最高顧問
鈴木宗男	衆議院外務委員長
住田裕子	「行列のできる」弁護士
芹澤清	防衛政策局政策課長
高木剛	連合会長
高島順子	連合女性局長
高橋茂	株式会社世論社代表取締役
高橋宗瑠	国際連合人権高等弁務官事務所パレスチナ被占領地区副事務所長

高見澤將林	防衛庁防衛局防衛政策課企画官
竹下譲	拓殖大学教授
武田邦太郎	参議院議員
竹中ナミ	社会福祉法人プロップ・ステーション理事長
竹信三恵子	和光大学名誉教授
武見敬三	参議院議員
竹村公太郎	日本水フォーラム事務局長
武山百合子	衆議院議員
田中秀征	元細川内閣総理大臣特別補佐官
田中良	都議会幹事長
田端清	東京都議会議員
玉木雄一郎	国民民主党代表
玉木林太郎	元ＯＥＣＤ事務局長・国際金融情報センター理事長
田村計	国土交通省総合政策局政策課
丹呉泰健	大蔵省主計局主計官
筑紫哲也	ニュースキャスター
土屋正忠	武蔵野市長
堤修三	厚生省老齢福祉審議官

坪田知広	文部科学省
鶴岡公二	外務省国際法局局長
手塚和彰	千葉大学教授
寺崎寛之	財務省主税局調査課長
寺澤芳男	参議院議員
寺島実郎	財団法人日本総合研究所理事長・株式会社三井物産戦略研究所所長
堂本暁子	前千葉県知事
徳川家広	徳川家第19代
直嶋正行	元経済産業大臣
中康次	俳優塾スタジオ191塾長
中川恵一	東大病院放射線科准教授
中川義章	防衛庁陸上自衛隊・陸将補
中北浩爾	一橋大学教授
中田宏	横浜市長
中塚一宏	前内閣府大臣
中辻直行	社会福祉法人神戸福生会理事長
長妻昭	衆議院議員
中野麻美	弁護士

中野剛志	評論家
長浜博行	参議院議員・厚生労働副大臣
中原広	財務総合政策研究所所長
中村敦夫	俳優・作家・元参議院議員
中村秀一	内閣官房社会保障改革担当室長
中村時広	愛媛県知事
中山光輝	財務省
並河信乃	行革国民会議理事
成田憲彦	細川元総理秘書官
西正典	防衛省経理装備局局長
西田紫郎	内閣官房まち・ひと・しごと創生本部
西水美恵子	元世界銀行副総裁
根本良一	福島県矢祭町町長
野田佳彦	衆議院議員
萩尾瞳	映画評論家
羽田孜	衆議院議員・民政党代表・元内閣総理大臣
鳩山由紀夫	衆議院議員・民主党幹事長代理
浜矩子	同志社大学大学院ビジネス研究科教授
早野透	朝日新聞編集委員

早房長治	朝日新聞編集委員
原田亮介	日経新聞経済部「教育を問う」筆頭座長
坂東一彦	資源エネルギー庁総合政策課長
坂東眞理子	埼玉県副知事
椋大樹	弁護士
樋口恵子	東京家政大学教授
久水宏之	経済評論家
筆坂秀世	元参議院議員
平岡啓	日経新聞社会部デスク
広中和歌子	参議院議員
福岡政行	白鴎大学教授
福島伸享	元衆議院議員
福田淳一	財務省主計局主計官厚生労働担当
藤井紀代子	ＩＬＯ東京支局長
藤井威	元財務省・元スウェーデン大使
藤井裕久	衆議院議員・元大蔵大臣
藤田和芳	大地を守る会社長
藤原和博	杉並区立和田中学校校長
藤原朋子	厚労省老健局総務課企画官

船橋邦子	女性学研究者
星浩	朝日新聞編集委員
星野佳路	星野リゾート社長
細川佳代子	細川元総理夫人
細川護熙	日本新党党首
前田正子	ライフデザイン研究所
前田昌徹	福島県三春町教育長
増田和夫	防衛省企画評価課
増田寛也	元岩手県知事
松井久子	映画監督
松田美夜子	冨士常葉大学教授
松原亘子	前駐イタリア大使
松本泰高	元読売新聞政治部
三浦まり	上智大学教授
三木睦子	三木武夫元総理夫人
水野和夫	エコノミスト
水野素子	参議院議員
道上尚史	外務省国際科学協力室長
三井マリ子	前都議会議員

三橋敏宏	経済産業省 製造産業局水ビジネス・国際インフラシステム推進室室長
美濃部雄人	建設省都市局環境企画室課長補佐
宮本悦子	厚生労働省職業安定局雇用政策課産業雇用政策企画官
村井宗明	ＬＩＮＥ主席政策担当・元衆議院議員
村木厚子	内閣府政策統括官（共生社会政策担当）
村田貴司	科学技術庁原子力局原子力調査室長
藻谷浩介	株式会社日本総合研究所調査部主席研究員
森山眞弓	参議院議員・元内閣官房長官
安田公寛	本渡市長
柳澤協二	内閣官房副長官補
山口みつ子	市川房枝記念会常任理事
山口章	青森明の星短期大学教授・前五所川原農林高校校長
山崎史郎	厚生労働省老健局総務課長
山崎広太郎	元衆議院議員・福岡市長
山崎泰彦	上智大学教授
山田宏	杉並区長
山田正人	経済産業研究所総務副ディレクター
山田昌弘	東京学芸大学教授
山田雅彦	厚労省官房統括官
山中伸一	文部科学省生涯学習課政策課長
湯川れい子	音楽評論家
横田俊之	中小企業庁長官官房参事官
吉田正紀	海上自衛隊一等海佐・在米日本大使館先任駐在防衛官
吉田貴文	東京大学客員教授・朝日新聞論座編集長
米沢隆	衆議院議員・民社党委員長
米本昌平	三菱化学生命科学研究室長
ロバート・C・エンゼル	政治学者
鷲尾悦也	財団法人全労済協会理事長
和田勝	帝京平成大学教授
渡辺幸子	多摩市長
渡辺好明	農林水産省大臣官房企画室長
渡邉芳樹	前スウェーデン大使
渡辺由美子	ＮＰＯ法人キッズドア理事長

円より子（まどか よりこ）

津田塾大学英文科卒業後、ジャパンタイムズや講談社で働く。北欧の取材をきっかけに、1979年ニコニコ離婚講座を主宰。3万人以上の女性たちの相談を受ける。月刊誌週刊誌の執筆、テレビ出演多数。単行本は「主婦症候群」「妻たちの静かな反乱」「夫、あぶない」「ママの離婚」（いずれも、ちくま文庫）、「ターニング・ポイント」（新潮社）、「一人でも変えられる」（日本評論社）など40冊以上。1992年、細川護熙さん（後に総理）が結党した日本新党に参加。1993年から2010年まで参議院議員。その間、女性初の財政金融委員長、予算委員会筆頭理事や民主党副代表、東京都連会長などをつとめる。1993年女性のための政治スクールを開校し、現在、校長。ひとり親家庭の母の就労支援NPO顧問。国民民主党衆院東京17区総支部長。

女《おんな》は「おかしい！」を我慢《がまん》できない

2023年9月16日　初版発行

著　者　円より子
編　集　吉田貴文
　　　　嘉納　泉
発行人　樫野孝人
発行所　CAPエンタテインメント
〒654－0113　神戸市須磨区緑ヶ丘1－8－21
TEL 070-8594-0811
http://www.kashino.net

印刷・製本　シナノ書籍印刷
落丁・乱丁本は、送料小社負担にて、お取り替え致します。
ISBN 978-4-910274-09-6
Printed in Japan

CAP
エンタテインメント
既刊本のご案内

リクルートOBの
すごいまちづくり

定価*1500円(税別)
ISBN 978-4-907338-07-7

PTAのトリセツ
～保護者と校長の奮闘記～

定価:1000円(税別)
ISBN 978-4-910274-01-0

リクルートOBの
すごいまちづくり
議員という仕事

定価*1500円(税別)
IISBN 978-4-910274-06-5

公務員のための
情報発信戦略

定価*1500円(税別)
ISBN 978-4-910274-04-1

リクルートOBの
すごいまちづくり 2

定価*1500円(税別)
ISBN 978-4-910274-00-3

【お問合せ】
info@kashino.net

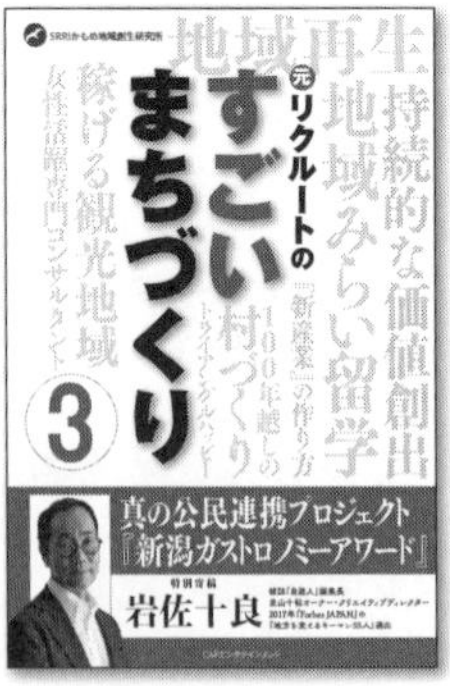

元リクルートの
すごいまちづくり 3

定価*1500円(税別)
IISBN 978-4-910274-08-9

情報オープン・しがらみ
フリーの新勢力

定価*1500円(税別)
ISBN 978-4-910274-07-2